JN169620

路上の身体・ネットの情動

3.11後の新しい社会運動：反原発、反差別、そしてSEALDs

田村貴紀・田村大有

青灯社

路上の身体・ネットの情動

――３・１１後の新しい社会運動：反原発、反差別、そしてＳＥＡＬＤｓ

装丁　眞島和馬

目次

序　傷をめぐる人々の物語

1　なぜ、デモなんかするのか？

本書は、二〇一一年三月一一日に起きた東日本大震災とそれに続く東京電力原発事故以降の、主に首都圏での社会運動について、反原発運動、反差別運動、そしていわゆる一五年安保闘争を闘ったＳＥＡＬＤｓに関する記述と分析である。これらの社会運動はそれぞれが異なる主題（イシュー）を扱っているが、私たちはこの三つの社会運動を通観することで、そこに通底している特徴を見出すことができると考えている。

二〇一五年の夏に反安保法制闘争で鮮烈な印象を残したＳＥＡＬＤｓも、この系譜の中で生まれてきた。ＳＥＡＬＤｓメンバーはポスト三・一一世代であり、後にインタビューで示すように、多くのメンバーがその活動の契機として東日本大震災と原発事故を挙げている。一五歳から一八歳という多感な時期に三・一一を体験したことが、彼らの感性に大きな衝撃を与えているのである。そしてＳＥＡＬＤｓの背景には、三・一一以後に台頭した反原発運動、反差別運動、さらにそれ以前から継続している沖縄基地闘争が実践してきた社会に対して声を上げる文化がある。三・一一後に生まれた三つの運動は、独立しつつ相互に影響しあっている。

読者の中には、これから述べる社会運動で行われる抗議やデモに対して、その効果に疑問を持ったり、あるいは社会の出来事に違和感を感じながらも、声を上げることに抵抗を感じている方もいることであろう。しかし、この三つの社会運動の現場で抗議の声を上げている人々と、皆さんの間に大きな違いはない。ＳＥＡＬＤｓの創設メンバー奥田愛基も、二年前までデモを疑い、声を上げることができなかった一人だった。私たちは、そういう方にこそ向けてこの本を書いた。

本書の七割は、声をあげ始めた人々とのインタビューで、三割は理論的考察である。次節から理論的背景についての説明が始まるが、インタビュー部分だけ読んでいただいても差し支えない。何よりも伝えたい事はそこに書いてある。

なぜならば本書の第一の目的は、「地べたの思想戦」について伝えることだからだ。この本の中で扱おうとしているは、知的に上昇する知、繊細で難解な講壇の知ではなくて、路上を活きる知、地べたの思想戦を闘う知である。社会学者の江原由美子は講演で、二〇〇三年頃から起こった反フェミニズム運動、いわゆるバックラッシュについて、あんな粗暴な議論はまともに取り合うことができなかったと言っている。「『こんなことを言う人がいるとは信じられなくて』、反論しなくなっちゃうんですよ」(江原、二〇〇八、三〇頁)。それは江原ばかりではなかったし、私もそうだった。「在日特権」なる虚構を主張する人々がでた時も、「大した問題じゃない」と思っていた。逆に原発については核廃棄物の最終処理問題など危険性を指摘する声を「大した問題にならないだろう」と軽んじていた。

やがてそれは大した問題になり、原発は事故を起こし、ヘイト・スピーチは蔓延し、国会では憲法を無視する採決が行われた。それを解決しようと路上で声を上げる人々が現れたが、そこで叫ばれる理念は、安全、生命、人権、平和、立憲主義と、どれも近代社会にとっては原初的でさえあるものばかりだった。彼らは神棚に飾られたお題目に見えたこれらの理念を路上まで引きずり下ろし、地べたの思想戦を闘う武器として実装したのである。

かつてドイツの情報倫理学者ラファエル・カプーロに「あなたは最新の問題を扱っているのに、何故三千年前に死んでしまったギリシア人の話ばかりするのか?」と聞いたことがある。カプーロは「それが家族の問題（family problem）だからだ」と答えた。「ギリシャ哲学は父親の問題、キリスト教は母親の問題なのだ。そして、あなたには『あなたの家族の問題』があるだろう。アリストテレースが考えていたのも、目の前にいるアテナイの村人の暮らしだった」。そしてこの「地べたの思想戦」が「私の家族の問題（my family problem）」である。本書を、七〇年前、四〇年前に済んだはずの闘いに二一世紀において参戦し、負傷した人々に捧げる。

2　「路上の身体・ネットの情動」の物語

これらの社会運動が展開されている場所は、路上とインターネットである。人々は、路上において声を上げる一つの身体であることを回復し、現代におけるもう一つの社会的空間であるインターネットを利用して社会運動を展開していったのである。両者が交錯するところに今日の社会運動はあり、路上とネットは、互いに補い合いながら相互に代替不可能な重要性を持っている。

私たちは、二〇一二年以来四年間参与観察し、約四〇人にインタビューを行った。これに合わせてテキストマイニングによるネット上のテキスト分析と読解を行い、震災以降の三つの社会運動を通底するものを探っていく。テキストマイニングは、コンピューターを使って文章を要約する方法である。要約すると言っても、目で読むように文脈を追うのではなく、主に文章中に多く出現する単語に注目し、その共起関係を探る。つまりどういう単語を多く用いどんな使い方をしているのかを探るのである。さらに、単語の組み合わせパターンによるタグ付け分類基準を作成し、記事分類を行うこともある。例えば、「飛行機、航空、フライト、飛ぶ、空港」などの語が出てくる記事（一つのツイート、日記の一日分など）は、「飛行機旅行」に分類することができる。この場合の分類とは、箱に入れて分けるような意味の分類ではなく、記事にタグ（印）をつけるという意味である。一つの記事に、複数のタグをつけることが可能である。

このような手順を踏んで、自然言語の文章を数値化して扱い、単語や分類の相互関係を統計的に扱う手法である。従って、そこで得られるのは、目で読んで得られる文脈ではなく、文章の基礎的構成要素を発見する方法である。大量の文書の概略をつかむのに適しているので、経営学などでは以前から消費者のニーズ分析などに使われていたが、近年では本書で使用するKH Coderなど多機能で無料のソフトウェアが普及したので、様々な学術分野で使われている。

テキストマイニングの利点の一つは、誰にでもわかる分類基準によって、複数の文章を視覚的に比較することが可能なことである。つまり文章を測る物差しができることである。もう一つは、むしろ文脈を追えないことを利点として、分析者が属さない集団の持っている信念や、世代や性別などが大きく離れていて、分析者の常識が必ずしも当てはまらないような人々の書いた文章を、目で読むのとは別な観点から理解することで新たな発見を得ることである。

本書では次の四点が強調される。一、「路上の身体」の獲得、二、社会運動とインターネット上の相互関係（ネットの情動）、三、再帰性を失わない恒常性の希求としての社会運動、四、国民と国家の緊張関係としての社会運動の四点である。「ネットの情動」と「再帰性を失わない恒常性」について、特に前者についてては、補足が必要であろう。ここで、ネットと情動を結びつけているのは、伊藤守『情動の権力』（伊藤　二〇一三）の文脈に依拠している。伊藤は主知主義的な従来の議論を補うものとして、ドゥルーズの言う「情動」によって情報概念を再考した。情報過程で生成・伝達されるものは、「認知」や「認識」に関するものだけではなく、「信念」や「情熱」や「意欲」や「感情」や「情動」でもあることに伊藤は注目する。そしてそれを重視するならば、意識化しきれないけれども何ごとか身体に作用する情報現象を、情報過程の本質的な側面として考えることの必要性が浮かび上がってくるとしている。

そしてこのような視点を持った先駆者としてガブリエル・タルドをあげる。伊藤はタルドの議論を援用して現代を分析し、ポストモダニティと言われる現代において、「私」と「公」という明確な領域区分が次第に瓦解し、「私」と「公」が相互に重なり合い、明確に切り分けることのできない領域が再び生起しつつあるという。例えばインターネットを媒介する個人的な発言が「私的領域」を飛び越えて未分化な「第三の領域」へと拡散していく状況も生まれている、と述べている。これは、情動を伝える物語にアクセントをおいてケン・プラマーがIntimate Citizenship（親密性と市民）で、情動とネット・コミュニケーションにアクセントをおいてチチ・パパチャリッシがAffective Publics（情動的な公衆）で描いていることと同様である。

筆者らはここでいう「個人的な発言」をネット上の物語としてとらえ、これまでも研究を行ってきたが（田村ほか 二〇一五）、直近の事例をあげれば、「保育園落ちたの私だ」運動がある（朝日新聞 二〇一六年三月九日）。子供が保育園に落選した母親の匿名のブログがきっかけで、ツイッターを通じて運動が広まり、政府が待機児童への対応を強調するに至った。本書では、三・一一以後の社会運動におけるネットの役割をこの「情動」という視点から、そしてそれを媒介する「個人と集団の物語」に注目して分析する。

再帰性とはイギリスの社会学者ギデンズの言葉で、自分自身を意識的に対象化し、メタレベルから反省的視点に立って自己再構築していく能力のことである。再帰性の進行した社会でも存在の基礎となるもの、ギデンズが「存在論的安心」と呼んだものを恒常性と呼んでいる。三・一一以後の社会運動は、恒常性回復運動の一つである（樫村 二〇〇七、六二頁）。

このような主題を、社会運動に参加した人々のインタビュー、ツイッターに綴ったテキストから読み取っていこうとしている。そして、合理的選択ばかりではなくて、むしろ自己の体験を語る物語から読み取れる感情や身体の感覚に焦点を当てる。個人がどうして社会運動に参加しているのかということが関心であるためである。また、欧米で先行研究のある物語論的社会運動論にもとづいて、社会運動は、人々が物語を共有することによって実現されていると考えているからである。

物語論的社会運動論は社会運動に物語アプローチを適用しようとする。物語という概念を、関連する諸理論から抽出した浅野智彦によれば、物語とは次のようなものである。自己について語る時でさえ「語り手と登場人物の二重の視点を持ち」、「諸々の出来事を時間軸に沿って構造化する語り」であり「本質的に他者に向けられた語り」である。人は無数の出来事やあるいは体験から、いくつかを選択し、時間に沿って相互に関連づけ、結論が整合的になるように他者に向けて物語る。その選択と配列が物語になるのである（浅野、二〇〇一、八－一〇頁）。物語を語るという行為の中に、単なる出来事の記述にはとどまらない、語る人の解釈が存在している。

物語アプローチによれば、ひとびとは、物語を語り読解するという相互行為の中で、現実の意味を構成している。われわれは、物語によって世界を意味づけ、経験を秩序立てる。したがって物語を理解することによって、ひとびとがいかに意味を構成しているか、という問題に接近できると考えるのである（菊池・大谷二〇〇三、一六八－九頁）。さらにその一部である、社会学的自我論としての〈自己物語論〉を援用すれば、自己とは〈自己に関する物語そのもの〉である。我々は、自己を物語ることによって、自己を形成していくと考えるのである（浅野二〇〇一、五－七）。したがって、その人が語る自己に関する物語から、その人のアイデンティティを探ろうとする。

物語アプローチは、一九八〇年代以降、人文・社会科学の領域で注目されるようになった。もともと、歴史哲学や解釈学から始まった物語アプローチは、社会心理学や社会学、さらには臨床心理学や、医療・看護の分野でも採用されている。

物語論的社会運動論は個人や集団の持っている物語が、運動参加・継続の動機や集団の結束を維持する力になっていると考える立場である。デイビス（Davis ed. 二〇〇二）を引用してその来歴を説明しよう。社会運動論では一九七〇年代後半以降「資源運動論」が影響力を持った。これは、利用可能な資源（金銭、人員、ネットワーク）が存在するかどうか、あるいはどう資源を獲得するのかという点に注目する。だが、資源動員論は、参加者を理性的なアクターとしてのみとらえ、集合行動の文化的、象徴的な過程をとらえることに成功していないという批判が起き、フレーミング理論が登場した（Davis ed. 二〇〇二、六）。ところがデイビス（Davis ed. 二〇〇二）は、フレーミング理論は、「運動」の内的で文化的ダイナミズムに注目はするものの、論理的な説得や信念の一致に強調点をおきすぎたと批判する。したがって、運動内での個人の関心の醸成や共同性が、どのように構築されていくのかというプロセスを説明できない弱さがあると指摘する。そして、それは物語アプローチを導入することで克服できると考える（Davis ed. 二〇〇二、九－一〇）。物語は二種類の集団を含む。それは語り手と聞き手である。そしてうまく語られた物語は、両者を関係づける。この点で物語は意味を共有することに力を持つ。従って集団の物語を研究することは、社会運動の出現、資源の動員、ひとびとへの説得を解明することに役立つ。

「参加」は、同意以上の事柄で、参加者が参加しリスクを取り行動するためには、「感動」することが必要なのである。参加する、巻き込まれることは、論理的で目的遂行的なだけではなく、イマジネーションや直感、そして感情が絡んだことである（Davis ed. 二〇〇二、一六－二四）。

つまり、物語はその運動がどのように始まったという起源を説明し動機づける。例えば米国市民権運動の起源とされる「バス・ボイコット運動」はローザ・パークスが白人にバスの席を譲ることを拒んだという未組織の自生的な事件から始まり拡大した。たとえ彼女が、実は訓練された社会運動家であったとしても。また物語は、運動が苦難に直面した時に乗り越える力を与える（Polletta 一九九八）。

さらに、ベンフォード（Davis ed. 二〇〇二）は、運動の物語には、二種類あるという。参加者が自らについて語る「参加者の物語」と、運動自体や運動が目指す世界に関する「運動の物語」である。「参加者の物語」では、人々は自らについて語り、自己語りをつうじて自らの経験と自我に意味を付与する。「運動の物語」は主に指導者によって語られ、運動全体の方向を示し、周辺的参加者の「参加の物語」と相まって、集合的なアイデンティティーを固くする。しかし、「運動の物語」は、参加者を制御し、抑圧する力となることがある。一握りの代表者の存在や、運動内の禁止事項、運動体の規範を侵した参加者への他の参加者からの罰則的冷遇などの存在である。（Davis ed. 二〇〇二、五三、六六）。つまり、運動の正しさを決める物語を、運動自身が持つことである。七〇年代の新左翼運動が陥った隘路を、思い起こすこともできるだろう。

増大する危険と文明の危機に直面して、科学技術の合理性がもはや機能不全となっているので（リスク社会）、問題が何であるのかを切り出すこと自体が、発見の対象である（ウルリヒ ベック、一九九八、九〇－九二頁）。つまり、この意味では社会運動とは問題の発見であり、態度選択・態度変容である。同じような現実の中にありながら、行動に参加する人としない人がいる。では、なぜ参加するのか？

このことを参加者の語る物語の観点から考える。体験は物語として語られ、歌として歌われていく。参加するものはその語彙を学び、共有される物語を受け入れ、自らの人生の物語として語り直していく。それは突然の改心ではなくて、継続的な信念をめぐる物語の書き直しである。そして社会運動を行う諸集団は、積極的に感情を扱うマーケティング戦略を採用していく。そこで扱われる「感情」は時に怒りであり、共感であり、「おしゃれ」であり、時には冷静な情熱である。

現在多くの団体が、活動の動員宣伝にインターネットを多用し、プラカードのデザインをコンビニエンスストアのネットプリント経由で配布してもいる。参加者はネットで情報を得て参加するので、顔見知りになっても本名を知らないことがよくある。本書で扱う集団は、政党やＮＰＯのような制度的集団ではない。施設や職員の代わりに、ネットを活用する。しかし、ネットによる情報拡散には限界がある。そのため諸集団は、抗議行動、インターネットによってもなお到達できない大多数の国民に対して告知するための方法として、小冊子の配布や全国各地での講演会などを行っている。

もうひとつはハブになる人材の代替不可能性である。特定の本部や拠点は必要としなくても、ハブとなる人材には、依然として責任・献身・戦略立案能力が要求される。また、会計や発送など総務的な仕事を担うスタッフの存在が重要である。

以上述べたような有効性と限界がインターネットにはあるが、インターネットは情報拡散の手段である以外に、議論をし、自己の経験を語り、相互交流を行い、自己を確認する場でもある。三・一一以後の社会運動では、ネットによって人々がつながり、ネットの中から新しい現実の運動が生まれていく。ただし、そこから生まれるものは、崇高な人間性の輝きであることもあれば、最も下賤な差別扇動発言であることもある。それは路上も同じである。

他方で物語論に戻ると、物語論にはマクロな構造を分析できないという限界もある。政府にどのように抵抗したかの物語は得やすいが、何故政府がその政策を作ったのかは分析できない。また、流布している物語は事実ではなかったり、一部の意見を代表していることもある（Polletta, 二〇〇六）。さらに「運動の物語」と「参加者の物語」の関係や、「個人参加者の物語」と「参加者集団の物語」の関係を示すことが難しい。

しかし、今日の社会運動は労働組合型の運動のように、自分の直接の利益を求めるために、固定されたメンバーが活動するというものばかりではなくなった。反原発運動や、平和運動など、非常に広い目的を持つ運動では、参加者は、相互に流入し流動している。それはつまり、社会運動に参加するのか否かあるいは、どの運動に参加するのか、どのデモに出るのか、ということを人々が選ぶようになっているし、しかも選ぶことが可能だと考えている時代になっているからである。したがって、社会運動は集団行動だけれども、一人ひとりの参加者がどのような感情を抱き、体験を受け止め、身体感覚が変わっていったのかということに注意を払うことが必要なのである。そしてその状況ゆえになおさら、人々の集合性を支えているのはインターネットである。

このような観点から本書では物語論的社会運動論を継承し、同時にその集合性に果たしているインターネットの役割の大きさから、ウェブ上の物語をテキストマイニングによって分析し、「運動の物語」と「参加者の物語」、「個人参加者の物語」と「参加者集団の物語」の関係をさぐる補助線にしたいと考えている。そこが本書の特徴である。しかし、今日重要な物語の媒体であるYouTube、ニコニコ動画などの動画メディアを扱っていないのは本書の限界である。

この本で扱う事例は、東京で起こったことを中心に記述して分析していく。全国各地の反原発運動、アイヌ民族解放運動など、取り上げていない運動もたくさんある。安保法制に関しても「安保法制に反対するママの会」、ＳＥＡＬＤｓとは名付けられていない全国各地の大学生運動、高校生の「Ｔ－ｎｓ ＳＯＷＬ」については触れることができなかった。したがって、この本にはある種の偏りと限界とがあるが、その限界の輪郭を示すことによって、それを批判し乗り越える次の作業の踏み台になりたい。

3　傷をめぐる物語としての社会運動

東日本大震災は我々に大きな傷を残し、傷口は未だ開いたままである。我々は傷を負った時に、物語によってしかそれを受け入れることができない。例えば病気になった時、医師は科学的でかつ最善の治療を施していると信じていたとしても、同病の患者の体験を聞いたり、闘病記を読んだりするのはよくあることである。

心理学者のブルーナーは、人間の認知作用や思考様式として「論理・科学的様式」と「物語の様式」という二つがあるという（ブルーナー、一九九八）。「論理・科学的様式」は「知」のために必要であり、「物語の様式」は人生を「意味づける」ために必要である。「知」は生きる手段であり、「意味」を失えば道に迷う。

そこでどのような物語を作ることが可能なのか、ということが問題になる。それはいつも整った希望や回復の物語とは限らず、時には「傷はないのだ」という物語を作ることもある。震災以後五年経った日本で、それはむしろ支配的でさえある。

カウンセラーの信田さよ子は、まるでアルコール依存症患者の「否認」のようだ、と言っている（信田、二〇一六）。信田のあるクライアントは、三回目のカウンセリングで、小中学校の夏休みの研究がとても大変だと語った。子供たちの研究課題に、放射能という言葉を入れてはならない、A市が福島原発事故の影響を受けていることをにおわせてはならない、という暗黙のタブーが存在するのだという。「それは誰が言うともなく全員が共有しており、もうあれは終わったことだ、もう大丈夫だ、まるで原発事故なんて『なかったかのように』考えなければならないのだ。彼女は、狭いカウンセリングの部屋の中にもかかわらず、声をひそめて、まるで内緒話のようにそう語るのだった。（信田、二〇一六）」

これはその場の雰囲気ばかりではない。二〇一三年九月、五輪招致の最終プレゼンテーションで安倍総理は原発事故の状況について、「The situation is under control.(状況はコントロールされている)」と述べた。きわめて微妙な表現である。「危機的」でもなく「完全に解決済み」でもない。「大丈夫、大丈夫。状況はコントロールされている」と安倍総理は語る。上からも横からも「傷はないのだ」という物語でこの国を覆い尽くそうとしているかのようである。そして心の安らぎのためにあるカウンセリングルームの中でさえ、傷についてはひそひそと語ることしかできない。

傷は災害によってだけではなく、人の言葉によってももたらされる。二〇一四年八月二〇日から二一日、国連人種差別撤廃委員会(CERD)は、日本で行われている主に在日コリアンに対する差別扇動デモについて、法律を作って規制するように求めた。委員たちによって畳みかけられる提言にもかかわらず、日本政府代表団代表の河野章大使は、「現在の日本が留保を撤回し、処罰立法措置をとるほどの状況に至っていない」と回答したのである。「傷はないのだ」。

私たちはいつの間にか、傷についてひそひそとしか語れなくなった。例えば雨宮処凛(あまみやかりん)は、「社会や政治への回路が閉ざされていることが常態となった世界」に生きてきたという。雨宮が高校を卒業して上京し、路上で生活する人を初めて目にした時、ショックを受ける雨宮に、大人は「本人の責任」とレッテルを貼った。「だけど、本当にそうなのだろうか? そんな疑問を、何度も何度も飲み込んできた。」

雨宮は、友達とも、誰ともそんな話はしなかった。政治の話なんてしようものなら「不思議ちゃん扱い」されるのがオチだった、という。そうして自分が生きづらいのも貧乏なのも将来がさっぱり見えないのも何もかも、すべては自分のせいなのだと自らを責めてきた。そして彼女にとって政治や社会に回路が開かれる以前、二〇代前半まで雨宮は自傷行為を繰り返してきた。雨宮は語ることができず、身体を切り開くことで出口を探そうとした。

声は奪われた。しかし、傷が忘れられることはない。信田の別のクライアントは、毎年八月九日の長崎原爆投下の日が近づくと左半身の痛みが始まり、その苦痛は当日にピークに達する。最初は理由もわからずいろいろな医者を転々とし、東洋医学に頼ったりしたが改善しなかった。そうするうちに自分の痛みは長崎原爆投下による被爆体験とつながっているのではと思った。それで痛みが和らいだわけではなかったが、「しかし、左半身の痛みと自分の人生がすべて変わってしまったあの日をつなげてとらえられるようになったことはよかった、と少しずつ考えられるようなった。記念日反応という名前も知った。そして今では、その痛みを『忘れるな、決して忘れるな』というメッセージではないかと考えている（信田、二〇一六、五一頁）」。生は時に残酷なものであるが、近代という時代は、たとえ一時的にせよ、そのことを受け入れようとしない。しかしそこから生まれる混沌の否認あるいは無視は、その恐怖を一層深めていくだけのことである（フランク 二〇〇二、一五八頁）。痛みに名前をつけ、それをメッセージとして考えることで、痛みとともに生きていくことが可能になる。そして、このように傷をめぐる物語を共有することを、社会運動という用語で呼ぶことも可能であろう。それは言葉と身体によって共有され、路上とネットで紡がれる。傷は物語を生み、物語は社会運動を生む（Davis, 2002）。いわばその人が生き延びて、自分の人生の意味を理解することが社会運動である。

したがって、この本は傷をめぐる人々の物語である。そしてここには、三つの抗議現場に立ち続けた「おもち」と呼ばれる少女が登場する。これは「おもち」の一四歳から一九歳までの成長の記録でもある。「おもち」は、ヒロインでもなければ、ジャンヌ・ダルクでもない。どこにでもいる普通の少女である。この社会にはスーパーヒーローはいなくて、担い手は私とあなただけである。普通の少女の記録を通して、読者の皆さんには、その時々ご自身がどこで何をしておられたのか、回想するきっかけとなれば幸いだと考えている。

共著であるが、役割分担があり、田村貴紀が聞き取り調査を、田村大有が社会学理論部分を担当した。したがって、本文中のインタビュー記述において「私」と表記されているのは、田村貴紀である。また、掲載した写真で撮影者名がないものは、同様か、使用許諾を得たものである。

第１章　反原発運動

図１　金曜官邸前抗議　慣れない参加者を気遣うスタッフ

1　原発事故と抗議行動

大学に入学して上京してきた「おもち」に、東京の郊外のレストランで話を聞いた。若者向けのカジュアルなレストランで、同じく大学一年生位の若者で店内は賑わっていた。「焼きたてのパン食べ放題」が売りの店だったが、おもちはご飯を頼んだ。「おもちですからね」と言って笑った。

おもちは、東京から電車で三時間ほどの近県に生まれて、高校までそこで過ごしていた。一四歳のときに、東日本大震災が起きた。原発のことはよく分かっていなかったけれど、「だんだん避難勧告が出るようになって、元いた処に住めなくなって。『これずっと住めないの？』」と思った。「放射能のこととかよく分かっていなかったけれど、まるで映画を見ているような恐怖だった。原発なんてこんな怖いものと、自分たちは一緒に生きていたんだ」と、おもちは思った。

東京電力原発事故の後、これに関連した最初の抗議行動は三月二〇日に台湾で、三月二六日にドイツで行われた。台湾では台湾第四原子力発電所の工事中止を訴え、ドイツではベルリンなど四都市で二五万人がデモ行進した。

一橋大学の研究者が作成した「東日本大震災クロニクル 2011.3.11-2011.5.11」によると、日本で最初の原発に反対するデモは、二〇一一年三月二七日、高校を卒業したばかりの関口詩織が名古屋で主催したデモと、同日の「再処理とめたい！　首都圏市民のつどい」が定例的に行っていた銀座のデモであった。名古屋のデモには四五〇人が、銀座のデモは通常二〇〇人の参加

図２　7.23 脱原発デモ＠渋谷・原宿　2012.7.23.

であったものに一二〇〇人が参加した。四月一〇日には高円寺素人の乱主催の「4・10原発やめろデモ！！！！！！！！！！」、同様に六月一一日には「6・11新宿　原発やめろデモ！！！！！」が行われた。二〇一二年一月「脱原発世界会議　2012YOKOHAMA」が開催された。

　震災前から活動していた諸活動・諸団体を含めて、様々な団体・個人が原発に関わることを余儀なくされていった。町村敬志らは二〇一三年、全国の原発・エネルギーに関する諸団体に大規模なアンケート調査を行ったが、その対象数は九〇四団体にのぼった。本章では首相官邸前で二〇一二年三月より毎週金曜日に連続的な抗議行動を行っている、「首都圏反原発連合」（反原連）とその構成団体のひとつであるTwitNoNukes（TNN）を中心的対象として分析する。それに関わった人々についてミクロな分析を行い、彼らがどう感じ、なぜ行動したのかを描きたい。

反原連は一三の団体の連合体である。いずれの団体も注目すべきだが、ＴＮＮは次の諸点で、三・一一後の抗議行動の諸特徴が見つけやすく集約されているので取り上げたい。①一つの主題（イシュー）のみをめぐる政治運動であるシングルイシュー・ポリティクス、②既存の組織によらない個人中心的の集団形成、③ツイッター（インターネット）の積極的利用（社会運動のクラウド化）、④意識的・戦略的なデモ・デザインとプレゼンテーション、⑤ノーハウのパッケージ化と伝播。「社会運動のクラウド化」とは「ウェブを介して容易に情報にアクセス可能になることで、小規模のコストと手間で情報を共時的にシェアし並列化でき、象徴的なインフォメーション・センター以外に、特定の本部や拠点を必要としない。フォーマットはもちろんプラカードなどのツールもダウンロードできるし、ミーティングポイント、デモコースも把握可能」（五野井、二〇一二、一五頁）になることである。

これら五つの事項は、単に形式的、表層的な問題ではなく、本質的で思想的である。毛利嘉孝が『ストリートの思想』で書いているように、「本に書かれていない思想表現」を解読することが重要な今日的課題である。

2 TwitNoNukes――雲のように集まり、雲のように消える

TwitNoNukes（ＴＮＮ）は、平野太一という当時二六歳の青年の一通のツイートから始まった。

既存の組織によらず、有名人が代表でもないデモ集団であった。ＴＮＮはデザイナー集団ＳＡＹＯＮＡＲＡ ＡＴＯＭとコラボレーションして、デザイン的に美しいデモを構築した。音楽ライターの竹内美保は「デモはストロング・スタイル、アートワークは柔らかくアピール。ＴＮＮとＳＡＹＯＮＡＲＡ ＡＴＯＭのコラボレーションは（社会に対して）デモを開いたと思う」と述べている。

また、『デモいこ！――声をあげれば世界が変わる 街を歩けば社会が見える』（河出書房新社二〇一一）を出版した。デモのノウハウをパッケージ化し、誰にでも入手可能なように商品として流通させた。これも手伝って、ＴＮＮを冠したデモは、ＴＮＮ大阪、ＴＮＮ九州、さらには滋賀、群馬、奈良、中国、浜松、青森、和歌山、京都、栃木に広がっていったのである。

平野にとって東日本大震災は、その前と後では自分が違う人間になったような経験だったと言う。「（二〇一一年の）四月の頭とか混乱してました。原発事故、原発事故って言うけど、そもそも津波の被害がすごかったじゃないですか。あの映像ずっと見ていた」と平野は言った。

原発事故は重大だったけど、それ以前に東日本大震災があって、その上に原発事故は重なった。被災地支援しようかと思ったが、当時は素人が行っていいのかという疑問を持っていた。段ボールにいろいろ詰めて被災地に送ったりもしたが、「それがありがた迷惑だという話も聞いた」という。目の前に大きく広がった傷口を見て、平野の心身は震えたのである。「一体何をすればいいのかわからなかった。今までのままではいけないなと思いました。自分は、今までのままではいけないなと。デモは、今までやったことがないことだったからデモに行こうと思った」。最初は、本当に様子を見る位の気持ちだった。声をあげなきゃと思うものの、行く前は「デモという手段はどうなんだろう?」というモヤモヤしたものを抱えていた。

こうして平野は、傷をめぐる物語を紡ぎ始めた。しかし最初は、ぎごちなく震える指を伸ばすように。「でも、三・一一前からツイッターでフォローしていた人が、デモ行きましょう、とか書いていて、そっかあという気持ちになった」

二〇一一年三月二七日、前述した「再処理とめたい！ 首都圏市民のつどい」に参加した。参加する前、平野は社会運動系とか団体系の「活動家」が来るのではないかとモヤモヤと思っていた。参加してみたら、事前に思ったようなハードルは存在しなかった。「行ったらば、自分と同じような人がたくさんいるわけですよ、個人で。もう黙ってられないという人達が」

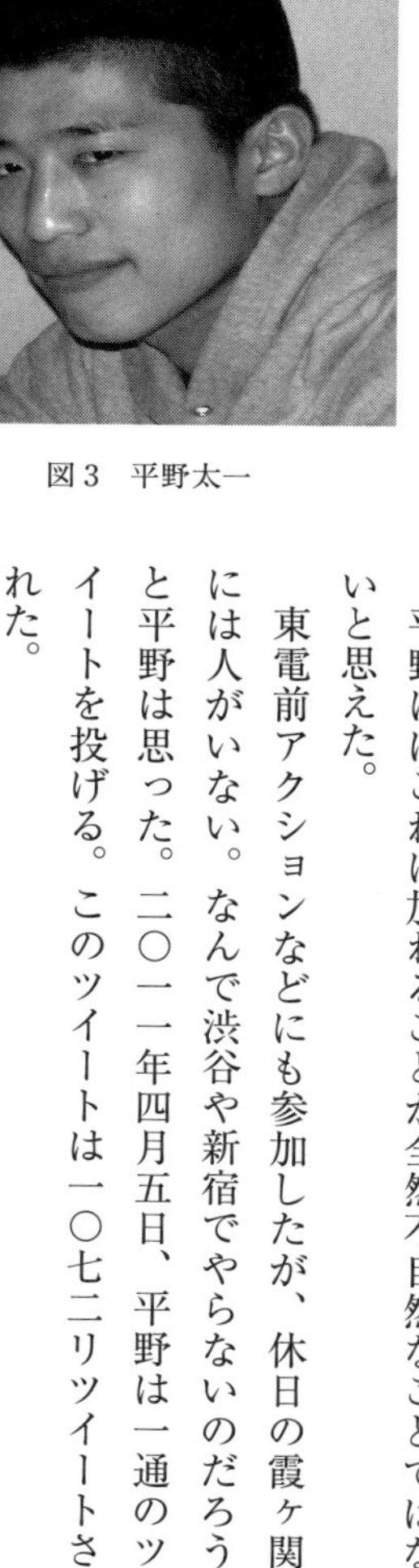

図３　平野太一

平野にはこれに加わることが全然不自然なことではないと思えた。

東電前アクションなどにも参加したが、休日の霞ヶ関には人がいない。なんで渋谷や新宿でやらないのだろうと平野は思った。二〇一一年四月五日、平野は一通のツイートを投げる。このツイートは一〇七二リツイートされた。

もし仮に、ツイッターで人を集って、渋谷辺りで脱

原発デモを行うとして、参加したいという方がおられれば、公式ＲＴ願います。#no_nukes_demo

サブカルチャーではいられない

ＴＮＮのメンバーは音楽関係者も多く、原発やめろデモを主催した高円寺の「素人の乱」とは馴染みもある。しかし、彼らは違うスタイルのデモを目指そうとした。ＴＮＮのメンバーでもともと音楽雑誌の編集者だった野間易通は、「カルチャーに留まりたくなかった」という。野間は後に反原連に加わり、反差別運動では「レイシストをしばき隊」を結成して二〇〇九年以降顕著になった新しい排外主義運動に対抗した。

野間によれば、素人の乱も、参加人数を増やそうと思っていたし、二〇〇〇年代初頭は、先端的な音楽を流すサウンドカー（音響機器を載せたトラック）を導入して若者の参加を増やす必要性もあった。これはそうだったのだろう。ＳＥＡＬＤｓのメンバー元山仁士郎も、震災後、素人の乱のデモを見て「参加はしなかったが、幟がたっているような、団体色をうち出したデモよりは馴染める気がした」と言っている。それによってそれまでの労組のデモや、過激派のデモには来ない人が来るようにはなったのだが、しかしそれはまだ一般のマスとは違う。野間は前衛音楽についてては専門家であるが、「前衛的な音楽を聞かない、より多くの人々」に参加して欲しいと思った。「素人の乱やその支持者には、サブカルチャーの立場から政治にコミットしていくことによって、はじめて公共圏が成立するというようなものの見方がある」。しかし、野間はそうではないと思った。「われわれはもっと下世話にやりたかった。自分たちの持っているサブカル的な匂いを隠してでも、一般の人々を惹き付けたいと思った」

ＴＮＮの最初の打ち合わせでは「素人の乱」のようにロゴを作るなどしてやろうという話が出たが、「ばんちょう」と呼ばれるメンバーが反対意見を出した。サウンドカーも入れずロゴも作らず、ただプラカードに主張を書いて、原初的なデモをやりたい、と主張した。

彼に影響を与えたのは、ハーヴェイ・ミルクという米国サンフランシスコ市議会議員の生涯を描いた『ミルク』という映画だった。ミルクは、米国で初めてゲイであることを公開して当選した公職者だった。しかし、就任後一年もたたないうちに暗殺された。この犯人の量刑に不満をいだいたＬＧＢＴがサンフランシスコで広範囲にわたる抗議行動を起こした。この映画の中で描かれた、急ごしらえのプラカードと身体一つで抗議に繰り出すシーンが、シンプルに要求をつきつけるデモのインスピレーションとなった。

当時からの参加者で反原連のスタッフである戸田裕大は、その頃の雰囲気について次のように語った。「事故直後のデモでは、他の参加者とあまり友達になろうと思わなかった。一種の禁欲主義があって、大きな原発事故の後だったので『友達作りに行っているわけじゃない』という感じがあった。お互い顔は知っているけれども一言も話をしない人がいっぱいいるような状態だった」。しかし、「そのうち少しずつ顔なじみができてきて、緩やかな反原発のネットワークが形成されていった」と戸田。今までどこにいるかも知れず、誰なのかも知らなかった人々が、抗議の場を通してゆるやかにつながっていったのである。その様子を、評論家の松沢呉一は、「雲のように集まって、雲のように消える」と表現した（松沢、二〇一五／野間、二〇一五）。
戸田は、素人の乱のデモから参加していた。素人の乱が早期からデモを行っていたことの意味について、針谷大輔（右から考える脱原発ネットワーク）の言葉を引いて言った。「震災直後は原発についてものが言えないような状況があった。素人の乱のデモは、その雰囲気を打ち壊して、ものを言ってもいいのだという雰囲気を作った」

金知榮は、前述の町村らの書籍の中で、多くの反原発団体が、既存のネットワークに基づいて展開されていることを指摘している（町村＆佐藤、二〇一六、九二頁）。金は反原発団体を、既存の団体や人間関係を基盤にしていた「基盤活用型」と新しく創設された「新規結成型」に分けた。回答した三一二団体のうち、新規結成型は七〇団体（二二％）であった。新規結成型でメンバー募集方法について回答した六九団体のうち、四七団体（六八％）は、全く新しくメンバーを集めたものであった。

ＴＮＮもその一つである。ツイッターを通して、これまでは対面での関係がなかったような人も含めて人が集まり始めた。何の組織も代表しない一人の青年が投げたツイート（つぶやき）に反応する人々がいることは、「動員」「募集」というよりも、「つぶやきの呼応関係」とでもいうべきものだろう。「このままではいけない。何かしなければいけない」と考えた個人の声が、寄り集まっていく。

ＴＮＮは、原初的な情動と、マーケティング的視線と、ツイッターによる見知らぬ個人のゆるい集まり、という三点の特徴をもっていた。少し結論を先取りしてしまえば、この点で今後述べていくことになる、SEALDsまで通貫する三・一一以後の新しい社会運動のわかりやすいプロトタイプであった。

その頃おもちは、東京で行われた素人の乱の二回目のデモに父親と一緒に参加していた。一四歳だった。東京に来るのはほとんどそれが初めてで、右も左も分からなかった。「ここが、東京かぁ」と思った。K－POPが大好きだったので、父親にわがままを言って新大久保に寄ってもらった。それ以来、三ヶ月か四ヶ月に一回ぐらいずつ、東京や地元の反原発デモに出るようになった。

初めてのデモ。行くとは決めたものの、不安でおもちは父親に聞いた。「なんか、そんな大きい声で叫んで迷惑じゃないかな?」父親は答えた。「原発のほうが迷惑だから大丈夫だ」。大きな声で叫んでも良いのだとわかった。それまで、普段の暮らしの中では、意見を言うために声を上げることはなかった。

やがて二〇一一年九月、平野とNO NUKES MORE HEARTSを主宰していたミサオ・レッドウルフは、反原連を結成する。その後四年間に渡って反原発を訴える「官邸前抗議」の幕開けであった。

3　官邸前抗議――開放された車道

反原連は、一三の反原発団体の連合体である。当初は、官邸前抗議を行うために集まったわけではなかった。ミサオによればそれぞれの団体がデモを行っているので、日程が重ならないように調整すると同時に、合同のデモを企画し一〇月二二日に最初のデモを行った。二〇一二年一月一四日、横浜で「脱原発世界会議」が行われたのに合わせて、『脱原発世界大行進・ｉｎ横浜』を実施した。参加者四五〇〇名であった。

二〇一二年二月から三月は、ＴＮＮが主催する経産省前での抗議活動があり、ミサオの主宰するNO NUKES MORE HEARTSも参加していた。これは経産省で行われていた大飯原発再稼働のためのストレステスト聴取会に再稼働を止めるよう抗議したものだった。抗議スタイルに言及すると、現在でも反原連のシュプレヒコールは厳しく迫力のあるものだ。ミサオによれば、「会議室に抗議の声を響き渡らせて心理的に圧迫するため」であった。会議室の空気を揺り動かし、訴える相手の鼓膜を震わせる。「非暴力直接行動である」（ミサオ・レッドウルフ、二〇一三）。

首相官邸前を抗議の場所にしたのは、三月二九日からである（野間、二〇一二、三八－三九頁）。ミサオによれば、大飯原発を再稼働するための四閣僚会議に反対するためであった。野田内閣によって決断された大飯原発再稼働に反対して、首相官邸前では毎週金曜日に大規模かつ連続的な抗議行動が行われるようになった。「官邸前抗議」は、二〇一六年四月一日で一八九回を数え四周年を迎える（反原連プレスリリース、二〇一六年三月三〇日）。四年の長きにわたって、毎週毎週、特別な大集会がある時以外は、休むことなく続けられているのである。

原則的に歩道上で行われる抗議活動であるが、二〇一二年六月二九日には、歩道に収まりきれなくなった多数の参加者が自然発生的に車道に溢れだし、官邸前を埋め尽くす事態となった。野間によれば、このとき警官が尽力したのは歩行者の車道からの排除ではなくて、交通整理だった

（野間、二〇一二、一九頁）。物理的な状況からして歩行者をすべて歩道に上げるのは不可能だった。

この車道開放の後、高千穂商科大学教授五野井郁夫は、歩道上の抗議に関する警察の意見を聞き取りし「憲法21条　表現の自由にもとづいて、歩道上の抗議は合法で届け出の必要もないという回答を得た」と、ツイートで報告している（二〇一二年七月六日）。この五野井の聞き取り調査が、二〇一五年夏の反安保闘争に至るまでの路上の抗議活動を支えていく。

車道にあふれた人々を見て反原連のスタッフは対応に追われた。平野は、これほどの人が抗議に集まっていることに怖いと感じた。「デモは数だ」とかねがね主張していたにも関わらず、「民主主義の社会でこのように民意が突きつけられることは怖いことだ、と抗議する側であるのに感じた」と言っている。その迫力を知ったということであろう。

この日、おもちは初めて官邸前抗議に参加した。一五歳だった。電車を乗り継ぎ三時間かけて官邸前に立った。一人で東京に来られるようになっていた。その日私も官邸前抗議に参加したが、白髪の年配の方々、杖をついた老婦人、お子さんを三人も連れたお母さんなどがいた。口々に原発反対を叫んでいた。私が目についたのは年配の方々だったが、おもちによると、「官邸前は結構若い子がいた」らしい。車道開放になった時に、おもちは「同じ位の歳の子」を見つけて話しかけた。お母さんと一緒に来ていた。「歳を聞いたら、たまたま一五歳で、同い年で、すごく感動した」という。見えるものが違うのだ。そしておもちはこう言った。「ものすごい人、人、人で圧倒されました。これは絶対、希望というか、止められると思った。『あ、止まるなと思った』」

大勢の群衆が集まって抗議の姿を見せることは、象徴的な意味がある。ミサオがいうところの

「民意を可視化する直接行動」である。しかし、歴史的に見てより重要に思えるのは、ここで反原連が、集会を平和的に定時で解散したことである。野間が記しているように、後になってみれば反原連のスタッフは原発を止めることにだけ集中していて（野間、二〇一二、一六頁）、国会前に解放区が現れることなど、どうでも良かったのである。

とはいえ、当日のその混乱の中での最終的な決断はミサオに任されていた。ミサオは、参加者の安全を確保し、混乱によって逮捕を防ぐために定時での解散を告げた。ミサオは、ここで騒乱状態になっても、原発は止まらないと確信していた。

確かに大群の人々で車道はあふれていた。しかしそこにいたのは、前述のように、白髪の男女、杖をついてやっと歩行している老婦人、お母さんと赤ちゃんや幼児、そして必死の思いで東京にたどり着いた一五歳の田舎の少女だった。彼らは屈強な革命軍兵士などではなかったのである。私が見たのは、幼い、あるいは老いた、そして障害を持つもろい身体でしかなかった。

後で知ったのだが、最前列では「官邸に突っ込め」「このまま居座れ」と言う人々がいて、解散を告げるミサオを、乗った脚立から引きずりおろそうとする男性までいたという。「官邸に突っ込め」という空想は、目の前にあったもろい身体にたどり着くことはない。しかし、その幼い、老いた、障害を持つもろい身体は、それ以前の四〇年間にかつてなかった強さで官邸の門をたたいた。そして八月二二日、ミサオほか一〇名は、叩き開かれた官邸の門をくぐって、野田首相に面会した。「官邸内抗議」である。

それに先立つ七月三一日、「首都圏反原発連合と脱原発をめざす国会議員との対話のテーブル」

が国会内で開かれた。出席した「怒りのドラムデモ」を主宰する井手実は、こう言った。

　この一年以上、デモをずっとやってきたわけなんですけども、どんどん人が増えていってますよね、官邸前にしても、国会前にしても。これは誰がこういう風に扇動しているのかと言ったらば、これは僕の仲間の言葉を借りれば、この運動をコーディネートしてるのは政府です。政府が対応してくれないからどんどん膨れ上がっていっています。

官邸前抗議は、人が集まる器にすぎない（野間、二〇一二、一三六頁）。主催者もそこに集まる人々も、イデオロギーや思想を共有してはいない。そこに立つためには、属性や当事者性を問われない。政府の政策に追われて、人々はその器に集まる。その器を作ることが、反原連の仕事だった。このときの井出と同じ言葉を、われわれは二〇一五年九月に国会でもう一度聞くことになる。

　実は、反原連のメンバーには、国家からの束縛を嫌うアナキストも何人かいた。映画『官邸前抗議』の中で、小田マサノリは、アナキストである自分が首相に会うということは考えられないことであった、と言った。つまり、首相と公式に面会することは、首相がこの国の権威であることを認めることだからだ。主義を曲げることだった。本章後半に登場するラッパーのＥＣＤのシングルのタイトルと歌詞「言うこと聞くよな奴らじゃないぞ」という人々である。実はミサオもその一人である。六月二九日ミサオは「スイッチが入った」という。それは、民意を直感したということであろう。

　九〇年代以降の抗議活動は、六〇年代のそれと比較して平和なお祭りのような「祝祭性」（五野井二〇一二：八）が指摘され、言わば文化現象として理解される部分もあった。しかしここに及んで抗議活動は、明白に政治の次元の問題として浮上したのである。共産主義革命でもアナキズムでもなく、「国民として国家に要求する」という国民と国家の緊張関係があらわになった。六月二九日はその画期点だった。民意という龍が生まれ、人々はその龍の背に乗ってその後四年に及ぶ旅を続ける。

4　黙々と止める人々

社会運動は八割がた事務作業、実務作業である。クラウド化が進んでも、それがなくなることはない。クラウド化すれば、実務人員は縮小される傾向になり、結果として少ない人々に作業が集中することになる。黙々とその作業をすすめる人々のプロフィールを紹介したい。

〈旅する「署長」〉

二〇一二年の秋、野田首相への要求行動を終えた越後芳に、ニコライ・バーグマンのフラワーショップに来てもらった。越後は、何故か「署長」と呼ばれている。アドミニストレーターという意味であろう。反原連は、越後のアドミニストレーションなしには動かない。しかし、かつては自分が社会運動に関わるとは思ってもみなかった。

越後はワーカホリックだった。小さなプロダクションで働いていて、泊まり込んで徹夜するのは年中だった。不景気で仕事が減っていった時に、疲れた頭にハッ！と考えが浮かんだ。「え、私このままあと一〇年これやるのかな？」。「ちょっとお休みをください」と会社に言い、片道切符で上海に飛び、そこから糸の切れた凧のように世界を放浪した。一九九五年のことだった。最初三〇万円くらいお金を用意して、とにかく安い宿に泊まった。上海に着いたら、シルクロードでも行ってみようかと思い立ち、列車に乗ってトルファンからウルムチに回り、国境の街まで行った。着いたらパキスタン国境を越えられると聞いて、ビザもないのにそこからバスでパキスタンへ向かった。行く先々でその次の街の情報を手に入れた。

「なぜだったんでしょうかね。なんだったんだろう？　漠然とシルクロードを見に行こうくらいの感じで出発したんです。大企業も性に合わないし。一つの所にじっとしてられないんだと思いますね」。越後は、学校が嫌だったことはないし、集団行動がだめな訳でもなかったが、パキスタンなどの貧しい国を回るうちに考えが変わった。「私はそれまでお金ですべて事を済ませて、お金で何かと交換することによってすべてを得ていたけど『この人たちは違うんだ』って、お金がなければ、拾うとか直すとか我慢するとか、そういう過ごし方もあるんだなって。私も東京で働き続けることだけが人生じゃないな、って思いました」

しかし、社会運動になど興味はなかった。選挙にも行かず、まったく無関心だった。選挙で世の中が変わるなど思っていなかったし、政治家が変わるだけで何も変わらないって思っていた。それで悪くもならないって思っていて、「自分がこうして生活していく環境は、誰が政治家になっても保たれる」と考えていた。越後の話を聞きながら、私は、九〇年代の自分も大して変わらなかったことを思い出した。

原発事故がそれを変えた。越後はネットで調べ続けた。「政府も東電も怪しい、信用できない、マスコミも何か隠している」と実感した。「東電の記者会見とか原子力資料情報室が、毎日Ustreamで放送しているのを見つづけて『絶対にこれはまずい』と思いました」。しかし、周りを見ても無関心だった。「私だけマスクして仕事に行って、『危ない危ない』って叫んでても、みんな普通にしてたので『このままではだめだ』と思った」。越後は、デモを探して何週間か過ぎた。デモに行こうとは思ったものの、これまでデモに行ったこともないし、よく分からずにネットで検索していた。高円寺の素人の乱のデモは、知っていたけれど少し遠くて行けなかった。何週間かして、四月一七日に初めて反原発デモというものに参加した。その日が、その団体の一番最初のデモだった。それがAct 3・11 JAPANというグループになり、やがて反原連を構成するようになる。

越後は、「原発を止めるために自分ができる限りのことをしないと」と思うようになり、仕事をやめた。デモの申請や法的交渉は経験がなかったので、事務をやろうと思った。やっているうちにどんどんやることが増えていった。表に見える抗議や行動の担い手はたくさんいるが、規模が大きくなるとそれに伴う事務作業が膨大になったと越後はいう。フライヤー（チラシ）を配る段取り、デザイナーへの依頼、テキスト作成、ウェブ管理、金銭管理、議事録などやることは山ほどある。

実は話を聞く前、越後は以前から長く活動している人だと思っていた。「全く違います。今でも、やらなくて済むならやりたいとは思ってないです。別に市民運動のリーダーとか活動家になりたいとは思っていないです。気ままに貧乏旅行したいです」。理念や思想にも全く興味がない。「組織の中の実務的な仕事をするのが好きで、組織の悩み事を解決するみたいなのが楽しいです。あんまり、理念とか議論については食指が動かないです（笑）」。しかし、運動専従にはなりたくないという。「事務所を借りる話が出たときも『冗談じゃない。そんなのに縛られるのは絶対に困ります！』って言いました。『一〇時から六時までこのオフィスにいてください』とかってのはかなわないです」

「原発をすぐに止めたい」と越後は言う。何ヶ月も先の運動計画など本当は立てたくない。「今止める。すぐ止める。今日止める」。そしてまた貧乏旅行に行きたい。

柔らかくカフェに差し込んでいた秋の陽射しがいつの間にか消えて、店員がともしたキャンドルが観葉樹に映えていた。話を聞きながら、オルタナティブという言葉が頭に浮かんだ。代替性、もう一つの人生の可能性ということである。もう一つの人生の可能性が選択できる環境でこそ、人は今の人生に主体的になれる。

脚立を支える

六月二九日、官邸前の車道に人があふれた夜、服部至道は定時解散を告げるミサオの脚立をずっと支えていた。「ずっとミサオさんのはしご支えてました僕（笑）。危なかったから。みんな官邸に向かってきてるから、うしろに下げながら」

まさに縁の下の力持ちである。服部は、大学生時代から環境問題に関心があった。「ソーシャルビジネスの走りみたいなことをやってたんです。予算としては三千万円位、専従が一人いました。九八年から九九年とかですが」。ゴミをリサイクルして事業を行う、しかもそれを大学生がやるというのは、当時は随分先進的なことだった。後に結婚する女性ともすでに知り合っていて、このまま暮らしていけば幸せかとも思った。「でも全然自分として満足できないし、もともと起業したいっていうのがあったので、ここでいい、もう何でもいいからとにかくやめよう、と会社やめたのが二〇〇九年でした」

服部は、中国を放浪し、チベットや雲南を旅行して回った。二〇〇九年に帰国する。北京の中央民族大学で語学を学んだ。あらゆる民族が集まっていた。「そういう学校に行くと、いろんな民族マイノリティの人たちが集まっていて、多様な人たちがいっぱいいるんですね。こういうの面白いし、民族の人たちそれぞれ衣装とか違うじゃないですか、そういうのに憧れがあって」

図４　服部至道

帰国後、「何にもしてないんだったら一緒にやろうよ」と誘われ、大学時代の友人が経営していた会社の共同経営者になる。働いていたら、原発事故が起きた。ＳＮＳをほとんどやっていなかったが、三月一六日に雨が降り、住んでいた千葉県松戸はホットスポットになったと友人からネットで連絡を受けた。「普通にみんな生活してるし、これから結婚して子供作って、ここでやっていこうかなと考えていた。でもここじゃ子供育てられないというのがわかった。『なんでこんなふうになっちゃったんだろう』と思ってふつふつと怒りがつのった」。しかし、その時はまだ行動を起こさなかった。四月になって友人から、代々木公園で四月二三、二四日に行われたアースデイ東京2011というイベントに誘われた。服部はやがて、「エネルギーシフトパレード」という環境系反原発団体に参加する。「それはパレードと言っているのでデモではなくて、子供とか女性とかファミリーで参加しやすいような雰囲気作りをしていて。その時は「原発止めろデモ!!!」とTNNとNO NUKES MORE HEARTSという大きいのが三つあったんですけど、そこは雰囲気がちょっと怖そうで（笑）」

「僕らはもっとパレードっていう感じで菜の花持ってファミリーで参加しやすい雰囲気を作って行こうって言ってやり始めた」。そのパレードも数回やって他のデモもたくさん出てくるようになったので、もう役目として終わったと服部は思っていた。「反原連てなんか怖そうだから、僕はあまり関わりたくなかったんですけど（笑）」、エネルギーシフトパレードとして、デモと集会に関する調整を反原連内でする必要があり、「服部、申し訳ないけど、行って調整してくれないか」と頼み込まれて会議に参加した。「そしたら、あれよあれよというまに、反原連のスタッフになっていった」。しかし、「反原発活動は、別にしたくてやってるわけじゃなかったんだけど。九〇年代から、エコをビジネス化して、いろんな人が参加しやすいような社会を作りたいと思っていました。一人一人が声を上げて参加して市民社会のようなものを作るということが常に念頭にありました」。反原発運動は、その役に立つかもしれない。

服部の前にいた会社は、名前を言えば知らない人がいない大企業だった。「抑圧的で家父長制ってところがあって、仕組みがガチガチだった」。そんな風土に嫌気がさして会社を辞めたが、テレビで東京電力の記者会見を見てその当時のことを思い出したと言う。私も官僚的な組織は経験がある。事故後の東電の記者会見で、何一つ真実を言うことが許されず、上司の言うままに答える社員の姿を見て、「あれは、私だ」と思ったものだった。服部は「高校の頃から、なんで自由じゃないのかなっていうのが。いろんな生き方があるんだから」と思っていた。服部もオルタナティブな生を目指す。

原発を止めるアーティスト

九〇年代以降の日本の社会運動においては社会科学・社会思想は後景へと退いていき、かわりに芸術が前景化した。二〇〇三年のイラク戦争反対デモにおけるサウンドデモのように、政治としての芸術が強調された。人々は抵抗することを音楽や美術から学んだのである（毛利二〇〇九）。同時に前述の野間によれば、「メッセージには賛成するが、その楽曲自体は嫌いだ」ということが起こる。人を引き付ける力は、遠ざける力にもなる。そして多くのひとびとに参加を促すために、時にはRANKIN TAXIなど功労者というべきレゲエシンガーの演奏を止めてでも、政治行動としての目的達成を目指すようになった（野間、二〇一二、六一－六四）。官邸前抗議には多くの芸術家が参加しているが、基本的には、自分の芸術的表現を行うのではなく、政治的な抗議をすることが求められる。ラッパーの「ＥＣＤ」や「悪霊」も継続的に官邸前抗議に参加しているが、歌うのではなくシュプレヒコールやスピーチを行う。

しかし、同時に官邸前抗議の運営には、イラストレーターのミサオ・レッドウルフをはじめとして複数の芸術家が参加しており、芸術的感覚は埋め込まれたものとして内側から運動を支えている。前述のＴＮＮや官邸前抗議の方向性自体が、アートに由来する自己観察と禁欲的な美意識、プレゼンテーション戦略の所産ではないか。


〈いうこと聞かせる番だ俺たちが――ＥＣＤ（ラッパー）〉


日本語ラップの草分けであるＥＣＤは、二〇〇三年の反イラク戦争デモから抗議活動に参加している。同年杉並区の公衆トイレに「反戦」「スペクタクル社会」の落書きをした青年が、建造物損壊罪が適用され裁判となった。アルバム『失点 IN THE PARK』（二〇〇三年八月）では、ジャケットにこの落書きの写真を使い、ＥＣＤは初回プレスの売上げを関連する裁判の被告救援にカンパした。

一〇年後に差別扇動デモが問題になると、出したアルバム『The Bridge ―明日に架ける橋』（二〇一三年三月）の曲、「The Bridge」のリミックスバージョン、「The Bridge 反レイシズム Remix ＥＣＤ ILLREME」をネット上にアップロードした。こちらのバージョンでは、「在特会」が新大久保で行った差別扇動デモについて歌い話題となった。

二〇一五年には、『THREE WISE MONKEYS』をリリース。その中に収められた「LUCKY MAN」は一四年に歌詞が描かれたものだが、一五年の夏を迎えて、ＳＥＡＬＤｓの出現と符合したことにＥＣＤ自ら驚いた。九月にＳＥＡＬＤｓと共演したネット音楽番組DOMMUNEでは、「リリック（歌詞）の最初半分ぐらい、ＳＥＡＬＤｓに捧げます」と言っている。時がたっても一貫して妥協なく、日常の中でぶつかった言葉を歌にしていく姿勢は印象的である。

ＳＥＡＬＤｓが行った小さいイベントの帰り、たまたま四、五人のメンバーと駅のホームで電車を待っていたら、全員ダウンロードした「THREE WISE MONKEYS」を聞きながら、ヘッドバンキングして歌っていた。「ＥＣＤって俺より五歳しか年下じゃないんだぜ、凄いよな」と私が言ったら、女子メンバーの一人が「えっ、信じられない！　あ、すいません」と言ったので、「若いかどうかが問題じゃなくて、ＥＣＤかどうかが問題なんだ」とつぶやいた。もう誰も聞いていなかった。

図５　ＥＣＤ

毛利嘉孝（毛利、二〇〇九）は、マルクス主義の失墜後、左翼的な言説が著しい凋落を示すなかで、社会運動の担い手がストリートに現れていると論じた。毛利は、ＥＣＤを「ストリートの思想家」と呼んだ。二〇〇三年のサウンドカーデモにおける抗議行動と音楽について、ＥＣＤは次のように語る。

サウンドデモの場合、ＤＪが曲をかけていたのでそちらに注意が向きがちだ。だが僕の実感だと、それまで政治運動に関わってこなかった連中が、音楽を通して育んだ「社会に対する感覚」を持って運動に参加し始めたのが、サウンドデモだったのだと思う。本を読んで社会運動始めるんじゃない連中が運動を始めた。そういう感覚で、僕も二〇〇三年の反イラク戦争デモに参加していた。その後は大きな動きはなかったが、三・一一でまた同じメンバーが結集した。大体同じメンバーだった。

ECDはここで、自分が属する既存のネットワークと、そこにある「社会に対する感覚」に言及している。既存のネットワークが果たす社会運動への役割はしばしば指摘される。「日常生活のネットワークのなかに要求運動が組織され」「独自の文化システムの言語を使いながら社会的資源の生産と配分を求める」のである（保坂二〇一一：三四）。

官邸前抗議で歌うことはないが、デモをどのように見せるかというプレゼンテーションのセンスは、間違いなく音楽をやってきた中で育んできたものがあると語る。官邸前でコールするときには、どれだけ一般参加者の声が帰ってくるのかということに神経をはらっている。参加者が声を出しやすいように、コールすることにしている。

官邸前抗議のある日、開始前に一人の老人がECDにくってかかった。「スピーチの声はよく聞こえるが、コールの声は割れて何を言っているかわからない！」。通りがかった私は、激しいコールの時はしかたがないこともあるだろうと思った。しかし、ECDは丁寧に対応していた。もともと滑舌の良いECDのコールが、その後、より明瞭にわかりやすくなった気がする。

ＥＣＤは、自分のファンに対する責任について、自身のブログで語っている。「自分が反原発のデモに参加したり、そうした曲を発表する理由はなにか？」

自分の好きなアーティストが何もアクションを起こさないとしたら、それは充分な言い訳になります。さらにそのアーティストが沈黙していた言い訳を公表したりすれば、その言い訳が即座にそうした人達自身の言い訳になることでしょう。

僕が「デモに行こう」と言ったからって、果たして何人の人が同調してくれるのか、それはわかりません。ひとりもいないかもしれません。しかし、それでも何もしなくてもいい言い訳を自分が供給するようなことだけはしたくないのです。

「何もしなくてもいい言い訳」というのは少し消極的な印象を持つかもしれない。しかし、抗議行動への参加に関しては、重要な要素だ。長い間、東京近辺では抗議行動はあまり馴染みがないものだった。多くの人々は、過去に見知った映像や記録、一度参加した体験などから、なんとなくデモに対するイメージを抱いている。七〇年代の新左翼の暴力的な闘争を思い出す人もいるだろうし、所属する団体のゼッケンや幟旗を立てた、労働組合系のデモを想像する人もいるだろう。

前述の平野もそうだったし、これから述べる多くの参加者が、立ち並ぶ幟旗、チラシなどのデザイン、シュプレヒコールの長さ、使っている楽曲で足を遠ざける。ましてや、自分の好きなアーティストの態度は重大である。二〇一三年、熾烈化する差別扇動デモに対してツイッターで容認的な発言をするファンに、ＥＣＤはこう答えている。「頼むから僕のＣＤとか持ってるなら今すぐ捨ててくれ。（二〇一三年七月二日）」自分の音楽を聴いても、差別に反対する行動を起こさないかもしれないが、差別を許す口実には決してならない。

九・一一の後ジョージ・ブッシュが「アメリカ側につくのか、テロ側につくか」という問いを世界に対して発したことがある。自伝（ＥＣＤ二〇〇七）によれば、思春期から対抗文化になじみ、反権力的だったＥＣＤは、「そんな問いに答えなければならないというわけではないのだが」と前置きしながら、「どちらかを選べと言うならば、テロリストの側だとその時思った」とのべる。しかし、「昔は一切合切、根こそぎ変わらなければだめだと思っていた。しかし、三・一一の少し前から考え方が変わってきた。今は、ちゃんと原発を止めたいと思っているので、それ以外の『革命』とかそんなことはどうでもよくなった」。前からパンクやラップが好きな音楽ファンの数は限られていると思っていたが、「二〇一二年六月の官邸前車道開放の時に、それを実感した。そんなこととは関係ないところでもう動き始めている」

ＥＣＤはこの変化について当時こうツイートしている。

「言うこと聞くよな奴らじゃないぞ」から「言うこと聞かせる番だ 俺たちが」と変わったけれど反戦と反原発はつながっている。６／８の野田の声明は原爆落ちたけど戦争やめませんってくらいのことだと思う。僕たちは今、８／１５がなかった世界に生きている（二〇一二年八月一六日）。

四年前のＥＣＤのこの予言は、やがて残念なことに日本の現実となり、二〇一五年安保法制に反対するＳＥＡＬＤｓは、このフレーズをシュプレヒコールとして受け継ぐことになる。「いうこと聞かせる番だ、俺達が！」。夏の国会前の車道を埋め尽くした群衆は、繰り返しこう叫んでいた。前述の野間はツイッターでこう解説している。

三・一一以前の反戦運動ではＥＣＤは「言うこと聞くよな奴らじゃないぞ」と歌っていた。それが「言うこと聞かせる」に変わったのは、三・一一を境にした根本的な変化。主権者の主体性の回復宣言（二〇一五年八月二五日）。

この「国民と国家の緊張関係」という、いわば「政権に対抗するナショナリズム」が、二〇一二年反原発運動から、二〇一五年反安保闘争までの底流となる。

〈台所発の怒りを政治へ――小塚類子（イラストレーター）〉

ベテラン・イラストレーターである小塚類子は、子供を持つ母親でもある。反原発運動のために様々な表現活動を行い、反原連の発行した No Nuke Magazine Vol.3 にもイラストを提供している。前述のように、三・一一の後、最初のデモが三月二七日銀座であった。小塚はその時三〇年来の友達と一緒に、デモに出た。それまで政治の話や社会の話はそんなにしたことはなかったが、いろんなことに対して同じ気持ちでいる友達であった。デモに行こうということになって、最初にいわゆる Zine（自主制作出版物）を作った。「原子力のない暮らしの手帖」（図７）である。

図６　小塚類子

図７　原子力のない暮らしの手帖

これは『暮らしの手帖』のパロディーで「Okan Do-Zine」というチーム名義で出した。サイトを作り、「台所は、もはや放射能と戦う最前線だ」という宣言を出した。「我々の台所発の怒りを、形にしていこうと考えた」という。ＥＣＤのインタビューについて触れたように、ここでも「既存のネットワーク」と「独自の文化」が社会運動へ果たす役割がある。

しかし、一見自由に見えるかもしれないアーティストの現実はそうではない。仲のいい人たちとはすぐに反原発運動を始めたけれども、イラストレーター業界の中では、「我々はクライアントあっての仕事なのだから、そんな反体制的なことをしない方が良い」と言われることが多く、今でも悩んでいる、という。「逆に、むしろ右っぽい人もたくさんいます。美学的にはむしろ右翼的な方が馴染みやすく、左翼的な方がダサいという感覚が今までありましたよね」

図8　台所発の怒りを形に

教鞭もとっている小塚に、その活動を見て自分もしようという若い世代の人々がいるか、聞いてみた。「みんな見て見ぬふりをしています。社会運動などというものは、反社会的なことや、過激なことだと思ってる人がまだまだ多いので、彼らはちょっと引いてるみたいです。残念なことに」。しかし、「子供も大きくなったし、自分が食べていければいいから、われわれの世代が発言しなければいけない」と考えている。

小塚は、反原発運動で知り合った新しい仲間にも言及する。

> 反原発運動には、様々な技術や能力がある人がたくさん集まっている。誰が何をやるのか、もめたり、誰の手柄だということを競いあったりすることが全くない。人間関係で、ほっとできる、ということがすごくある。何かの組織に属さないと不安だとい

う人が多い日本社会だが、そうしたことにこだわらずインディペンデントな生き方をしている人が多い。

既存のネットワークも重要だが、運動の中に新しいネットワークが広がることも重要である。それが可能でないと、より多くの参加者を得ることができない。

小塚は自分たちの活動について次のように受け止めている。自分たちがしていることは、「わからない人に向けてよりも、わかってがんばっている人を応援するという意味合い」が強いという。「わからない人にわからせるためには、アートという手法は有効ではないと思います」。アートに日頃ふれて、ある程度その文脈を理解している人以外には不謹慎、と受け取られてしまう危険がある。例えば図9のように、「東電への電話抗議をよびかけるテレクラ宣伝風のティッシュ」などの作品は、熱狂的に受容される場合もあれば、理解されないこともある。「さっそく怒られました」と小塚。自分は、アーティストとして政治的な表現をするというよりも、参加するなら何か自分にできることをしたいと思っている、という小塚。「みんな不安な気持ちで参加しているので、『同じ気持ちだよ』ということを伝えて少しほっとしてほしいと思っている」

また、「ストイックに主張するというのは理解できるが、自分自身も二時間、冬の寒い時に再稼動反対だけをコールし続けるというのは辛い」という。「NO NUKES MORE HEARTS はサウンドカーが出て楽しい、音楽がないと年寄りは歩き通せない。サウンドカーの後を追っている人は、意外におじいちゃん、おばあちゃんが多い。（ラッパーの）悪霊さんの車の後は、六〇代七〇代のマダムが、『悪霊さんよー』と言ってついてくる」

小塚のインタビューから、ＥＣＤと同様に「既存のネットワーク」の意味が発見されたが、同時に社会運動の中で形成される「新しいネットワーク」の価値も確認できた。また小塚は子供を持つ母親として「台所発の怒り」を、日常を異化する方法で表現している。異化するのは、日常が耐え難いからである。芸術は理解されないこともあるが、風雪に耐えて参加する弱い人々の心を支えるものでもある。

またここで見出された抗議行動は、自分たちの日常をもう一度見直し、再解釈する機会でもある。主婦連のパロディのコスチュームで、デモに参加する写真を載せた。考えてみれば、主婦連の「大きなおしゃもじ」というアイコン自体が、主婦の日常を対象化して再発見したシンボルである。この日常を基盤にして、そこから出た言葉を政治に向けるという姿勢が、その後ＳＥＡＬＤｓの活動に至るまで活動の底流を流れていく。

図９　東京電力への電話抗議を呼びかける
テレクラ宣伝風ティッシュ

鳴り止まぬドラム

哲学者の佐藤嘉幸は、原発以後の状態をウォルター・ベンヤミンのいう、「例外状態の常態化」と表現している（佐藤、二〇一四、一三頁）。例外状態とは、正常状態の外へと締め出されておきながら，なおかつ正常状態の内に捉えられていることを指す。樫村愛子は、この閉塞状態を「海底」という言葉を使って説明している（加藤ほか、二〇一六、七四頁）。私もまた、海底を歩いているような気分だった。鬱状態だったのだと思う。原発事故の後、自分の新しい傷も古い傷も、一気に吹き出しているような気がした。孤独で、なにか罰を受けている気分で、はらわたが硬く固まっていた。

そうするうちに反原連の官邸前抗議に通い始めた。重い足を引きずって官邸前に通い、ドラムの音に身体が揺さぶられているうちに、少しずつ血が通って行った。言語学者の梶茂樹は、文字を持たないコンゴ民主共和国モンゴ族が、lokolé と呼ばれる伝達用の木製ドラムを使ってきわめて複雑な情報を伝達していることを書いている（梶、二〇一二、二一頁）。ドラムは、私にとっても聞く音というよりも何か身体によるコミュニケーションというべきものであった。

小田マサノリによれば、デモにおいてドラムを使うのは、第一に雨にも強くどんな環境でも音を出せるからだが、第二にはサウンドカーのパワーには限界があり、一〇〇メートルを超えては音が届かないからである。「聞こえない場所にいる参加者は孤立してしまう」。ドラムを導入したのはそのためだった（Manabe, 2016, p. 163）。ドラムは人を孤立させない。

抗議の現場に行って、音楽ライターの竹内美保に出会わないことはない。竹内は「フリーランスだから時間のやりくりが付きやすい」と言うが、フリーランスは「時間＝収入」である。仕事を増やせば収入が上がるところを、削って抗議活動に参加し続ける。竹内は、小田マサノリが創設したドラム隊ＴＤＣ（The Drum Corps）のメンバーである。もっとも、幾つかのドラムグループ

いう。

があったが、この一年ほどは、路上でドラムを叩いている一群をドラム隊と呼んでいる状態だと

竹内がデモに参加したのは、二〇一一年五月のエネルギーシフトパレードからである。それまでは、子供の頃の刷り込みからか、デモといえば幟旗のたった労組のデモか、暴力的な過激派というイメージしかなかった。二〇代の頃演劇に関わった時に、かなりラディカルな思想を持った知人たちがいて、その言動が好きになれなかった。「自分には合わないな」と思っていた。「デモなんて、特殊な思想を持った集団が行うものだと思っていた」。二〇〇三年のイラク戦争反対デモの時も、やっているのは知っていたが自分が参加するのは躊躇があった。それがデモに出ようと思ったのは、信頼している音楽プロデューサーが、エネルギーシフトパレードの賛同人の一人だったからだ。情報も得られやすいし、安心して参加することができた。とはいえ音楽関係者がそれほど、社会運動に参加しているわけではない。音楽ライターをツイッターでフォローしているが、ほとんど政治のことなどは呟かない。そんな環境でどうして現場に出続けるのか?「何もしていなかった自分がいた。それを後悔してるし、反省している。だから、出始めたからには出続けようと思っている」

現場に出るようになる前も、「思い起こしてみれば、」ミュージシャンにインタビューする時も曲中の社会的な部分や政治的な部分については必ず質問したし、それについての自分の思うところや感じたことを伝えてきた、という。竹内に関心を持たせたものは何だったのか。「パンクロックが大きかったですね、私の中では」

一〇代半ばの時にパンクが出てきた。それをリアルタイムで経験した。音楽を聞きながら、知識を身につけていく。知らないことがあったら調べる。竹内はそんなことをしていた。「音楽が教えてくれる社会の見方」というものがあった。竹内は音楽から思想を学んだ。「パンクロックはリアルタイムだったし、ニュースのように事実を伝えるだけじゃなくて、そのミュージシャンのものの考え方とか見方とかが伝わってくるので、たとえば一つの物事に対して、こんな考え方もできるのかと思うことがたくさんあった。いろんなものの考え方、捉え方を育んでくれたのは音楽だった」

竹内はデモに行き始めた最初から、ドラムを叩いていたのではない。ドラムを叩き始めたのは二〇一二年の秋からだった。その前は、デモの旗を持っていた。「ドラム隊の中には、声を上げることが苦手な人もいて、その代わりにドラムを叩くという人がいる。私もスピーチとかは苦手です」。「抗議の声」としてのドラムである。反原発運動以降引き続いた、反差別運動、特定秘密保護法反対、反安保闘争でも、ドラム隊は、雲のように湧いてきて路上の鼓動を支え続けた。竹内を含め多くの人が、原発運動から始めて、主題が変わりながらも連続して参加している。それはどうしてか？　竹内は言う。「次から次へと頭にくることが出てくる」

原発が収束していないのに次々と問題が起きてくる。「怒りですよね」。普通に生活していておかしいと思うことが多い。「それにはやっぱりあらがわないと」。これ以上悪い状況にさせられてはたまらんという感じ。「一個ずつ潰していくしかないよね。おかしいことにはおかしいって言っていいんだ」

原発であれ、貧困であれ、民族差別であれ、たとえそれがなんであろうと、「おかしいことにはおかしい」と人が声を上げるときには、その路上にはドラムが鳴っている。ドラムは声だ。ドラムは人を孤立させない。

〈原発に反対する会社員〉

一般人から見れば、自由に生きているかのように見えるかもしれないアーティストたちにとっても、反原発運動に参加することはひとつの態度を選択することであり、決断を要することであった。むしろより大きな負荷がかかっているともいえよう。一般企業の社員は、どのようにしてその選択を行うのだろうか。

麻生せりな（仮名）は、世間に名の知られたグローバル企業に勤める女性である。幼稚園の頃から、毎年バレンタインデーには欠かさずチョコレートを父親に贈る娘でもある。大学時代には社会問題にも関心があり報道機関に就職しようと思ったことはあったが、入社した会社で毎日忙しく働くうちに、社会に対する問題意識は薄れていった。保守的な両親に育てられ、一八歳で大学進学で上京する際、「デモ活動をしている人達に近づいてはいけない」と言い含められていたこともあり、三・一一前には、社会運動に参加しようとか、デモに行こうとか考えたこともなかった。

麻生からツイッターのテキストをもらい、三・一一の前と後に分けてテキストマイニングした。テキストマイニングは、文章を要約するもうひとつの方法である。どんな単語が多く出てくるのか、そしてそれは別のどんな単語と一緒に使われるのか、コンピューターを使って計算する。経営学では昔からよく使われて、消費者のニーズをつかむ手がかりなどにされる。

三・一一前のツイートを分析して図にしたものが図10である。大きい円は多く出現していることを表す。地方から東京に出てきた感想や、友達、女子会、デザイン、初めて観たもの、ショッピング、素敵な人や物のこと、仕事、そして美味しい食事のことが書いてある。レストランやグロサリーストアの話。近年の社会運動と親和性が高いパンクやラップ、クラブカルチャーに関連する言葉などは一切見られない。震災前、麻生の最後のツイートは下記である。このメッセージの一五分後に地震が起こる。

土手の石垣から、一斉に雑草がざぁーっと芽をふきだすのを見ると、これも春だなぁ、と思うよ。 #Twitpict

三・一一のあと、麻生のツイートは一変する（図11）。中心にあるのは「デモ」である。この単語が他の単語のネットワークの中心にある。「デモ」の周りには、自分や仲間に関する観察、次に日本や世界に対する考察、抗議情報の拡散、仕事、放射能汚染をめぐって食事と福島、新大久保のレイシストデモ反対、仲間への感謝、などが並んでいる。

海外滞在経験もあり外国にも友人が多かった麻生は、事故直後から海外在住の友人からどんどんEメールが送られてきていた。そこにはBBCやCNNの画像や映像のリンクが貼られていた。麻生は日本の報道と海外の報道を同じタイミングで見くらべた。日本は津波のことだけ報道して

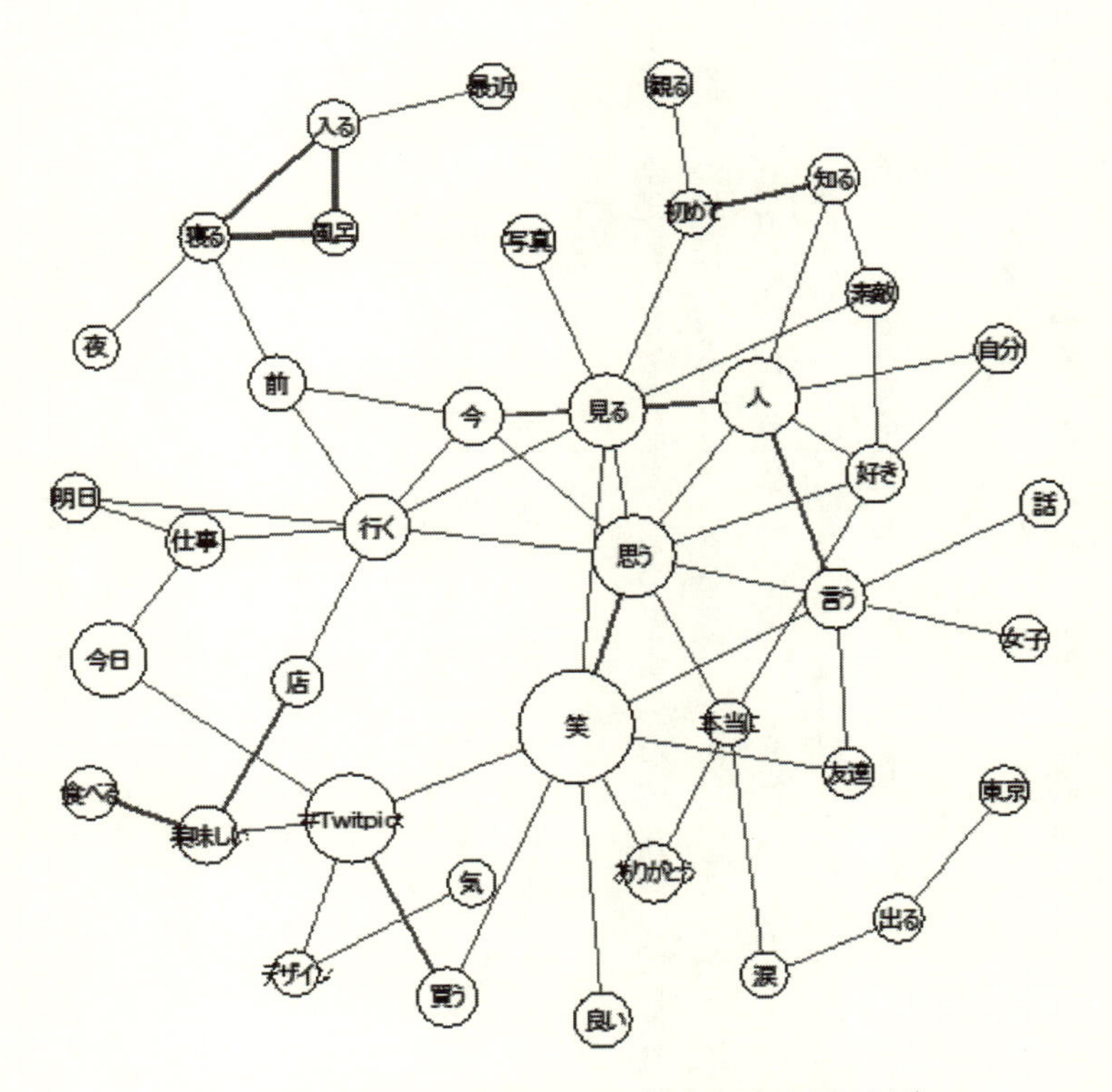

図 10　麻生せりな　Twitter 3.11 の前（2010.8.11-2011.3.11）

いたけれど、原発が爆発している映像が外国のサイトにあがっていた。父親から、「偏った思想を持つことはよくないので、新聞でも朝日だけ読売だけを読むのではなく、数紙あわせて読みなさい」と言われていた。なので、それまでは日本の報道でも複数バランスよくチェックしておけば大丈夫と考えて暮らしていたが、しかしそうではなかった。「会社は、震災直後から自宅待機になったので、その間ネットを中心に必死で情報を集めた。毎日二〜三時間しか眠らない日々が続いた」

前述のとおり麻生は、三・一一前には社会運動に参加しようとか、デモに行こうとか考えたこともなかった。それどころか、保守的だった両親の影響で、デモに行ったら必ず逮捕されてしまう、あるいは警官に殴られてしまうと考えていた。デモに参加するというのはイリーガルなことだという印象だった。

もっとも社会運動に参加したことはない麻生だったが、幼い時から正義感は強かった。小学校でいじめを見つければ、ドロップキックを見舞ってから、こんこんと説教した。あまりに喧嘩が強かったので、「麻生倒せば、俺がてっぺんだ!」と思い込んだ男子生徒に放課後の校門で待ち伏せされた。「同世代の女の子は、待ち伏せ=『告白』なのに、私には『喧嘩』しに男子が待っていた」。路地から、書道の文鎮で奇襲されたこともあったが、ランドセルで返り討ちにした。

転換点にある斉藤和義

麻生は「4・10原発やめろデモ!!!!!!!」に参加した。四月にデモがあることは、ネッ

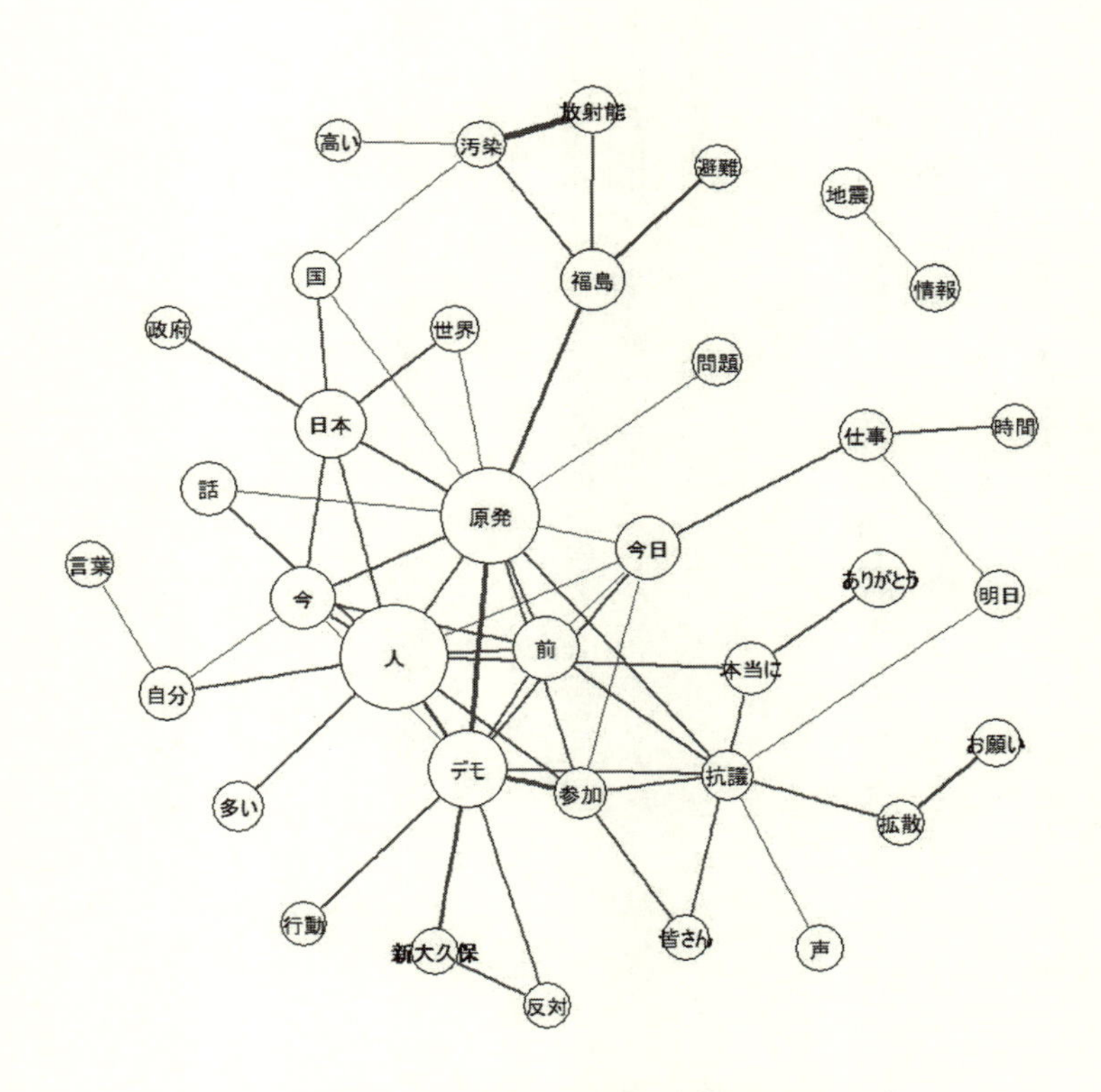

図 11　麻生せりな　Twitter 3.11 の後（2011.3.11-2013.8.4）

トで見て知っていたが、行くかどうか悩んでいた。反社会的行為と思っていたので、警察のブラックリストに載るのではないか、などと考えた。行こうとふっ切れたきっかけは、歌手・斉藤和義が「ずっとウソだった」という原発・東電批判の替え歌をYouTubeにアップロードしたことにある。アップロードされた動画はすぐに消されてしまうが、「消されても、消されても、皆がバックアップを取って、次々動画をアップしていた。朝から晩まで、消されてはアップされ消されてはアップされ……が、ずっと続いていた。皆が、そうしてでも伝えようとしているのがすごく伝わってきた。それを見たときに涙が止まらなくなった」。自分の職業についても考えた。また、デモに行って逮捕されたら周囲や親にも迷惑がかかる、親は泣いてしまうのかなとも考えていた。そんな状況の中で、斉藤和義という、地位も家族もある人間が発言している。「それに対して応えるべきなのではないか、応えない自分は何なのかと考えた」

しかしまわりの友達に聞いても、「そんなことはやめたほうがいいよ」と言う人ばかりだった。「残念ながら」。この時彼女は、「既存のネットワーク」を手がかりにすることができず苦悩する。

デモへの参加と新しい語彙

彼女は高円寺で行われたデモに参加したが、とても緊張したという。ツイッターで知り合った人と四、五人でデモに行った。「既存のネットワーク」を手がかりにすることができなかった麻生は、インターネットを通して仲間を探したのである。「ぶ厚い少年漫画雑誌を買い、お腹に入れて、いざとなったら、体を守ろうと思っていた」と話す。手馴れている。しかし、「行ってみたら全然違っていて、赤ちゃんを連れたお父さん、お母さんから色んな人がいっぱいいた」。それは素人の乱が企画したデモだったのだが、原発には反対だがデモ参加を断った麻生の友人たちは、そのことが嫌だったようだ。素人の乱は、三・一一以前から「家賃をタダにしろ」とか「自転車置き場がどうの」とかさして重要とは思えないようなことでデモを行う集団、と理解されていた。「サブカルのお祭りというふうに受け止められていた」のである。

だが、「ＴＮＮやその後の複合体となった反原連は、外からの見え方にとても気を遣っていると思う」と話す。彼女は仕事で情報をマスに向け発信する職種なので、「どう見えるか」にはとても気を遣っているという。戸惑いの中でデモに参加しはじめた麻生は、やがて組織者の行動に心を動かし、その後自分もそのように行動し始める。

前述のように、彼女の古くからの友人は、反原発には関心がない。三、四日前も「そんなに一所懸命やってるけど原発止まらないじゃん、無駄なんだよ」と言われた。「そういう言い方をされるのが凄く辛い」と言う。「ツイッターも、原発の話をし始めてから、それまでのフォロワーのうち、三分の一くらいが離れていった」。しかし、政治的思想を持っていなくても、アーティストでなくとも、普通の格好をしている普通の人が、デモに行くこともするんだ、ということを分かってもらえるといい。最近ぽつぽつと「デモ、行ってみようかな」という人が出てきている。しかし、関心がない人に対し、デモの話は切り出し方が難しい。「できれば、口幅ったい言い方だけど、関心ない人との架け橋になって、普段のツイートも続けながら、原発話もしていきたい」

彼女がしばしばツイッターにあげる食卓の写真も、麻生の自己プレゼンテーションなのである。

図12・13　ツイートに付けられた朝食の写真

小塚が台所からの怒りをアートで表現したように、麻生も、食卓を通して社会と人をつなごうとする。

2ちゃんねるのような匿名の掲示板と違って、ツイッターはたとえ仮名でもアカウントごとに同定可能なものである。一つのアカウントで発信し続けることで、対社会的に自分の考えを発表し、他人がそれを読み、他人からのレスポンスを受け取ることによって自己同一性が生じる。先に図で示したように三・一一を境に麻生のツイートは一変した。新しい語彙を学び、書く内容も変わった。これまでの生活と自己理解に加えて、社会運動の語彙と文法も獲得したのである。あえてコンサバな格好でデモに参加し、ツイッターに食卓の写真を載せることは、この二つの自己を結びつけようとする行為でもある。急に原発の話を始めた麻生は、読者からの拒否反応にあう。友人・読者からの指摘を受けて、麻生は改めて決断を迫られる。

あと、「本人がヘルシーな人なの知ってるからヘンに思わないけど、最近の〝通常モード（スイーツやかわいいモノ話）〟と〝災害モード（原発や被災地話）〟のツイート差がすごす

ぎる〜！　ジキルとハイド状態だよ（苦笑）。アカウント分けたら？とアドバイスも。友人談。（二〇一一年四月二七日）

全く自由で無秩序のように考えられることがあるインターネットだが、その中には、相互作用で作り上げられた決まり事と秩序がある（Baym, 1994）。いわば、この人はこんな人だと他人が理解しやすい一つの顔を見せなさい、と麻生は求められたのである。

あまりにテンションの異なる日常ツイートと原発事故の福島関連ツイート、アカウントを分ける提案ももらったけど、どちらも真実、等身大の私なのでこのまま分けずに１アカウントのままでいく。だから、なんか怒りつつ原発の話をしてても、その前のくだらない話にリプ頂いて大丈夫です気になさらず。（二〇一一年四月二八日）

麻生はツイッターアカウントを二つに分けることをしなかった。「どちらも真実」。新しい語彙と文法を獲得した麻生は、それによって新しい自己の物語を紡いでいくことを決めた。古い自己の語る物語と、新しい自己の語る物語と、どちらも真実だ、と確信したからである。ツイッターで語る中で、自己が再定義され、新たな信念が形成されたのである。

紡がれた物語

恐る恐る参加したデモから、積極的参加者に変わり、そして呼びかける参加者へと麻生は変わっていった。ツイートを通して自己同定していく麻生の変化を時間を追って見てみよう。三・一一以降のトピックの種類別の増減をグラフにした（図14）。この単語が出てきたらそのツイートはこのトピックに分類するというリストを作り、ソフトウェアで解析した。トピックは「反原発運動」「被曝」「子供」「日本」「反差別運動」の五つである。時間軸は月ごとで、数字は、月ごとのツイート全体に対する、そのトピックが出てきたツイートの％である。

二〇一一年三月から七月にかけて「被爆」に関するツイートが一斉に増える。この時期は関心の中心が被爆にあった。原発事故による放射性物質の影響について学んだ時期である。その後、反原発運動の発言の方が多くなる。二〇一二年六月、官邸前抗議で車道開放が起きた月にピークを迎える。二〇一三年一月以降は、第二部で扱う差別扇動デモに対する抗議（カウンター行動）が広がり、「反差別運動」のトピックが増える。

この時系列グラフは、彼女の焦点の推移と、取り組んでいる課題を表現したものと言えるだろう。二〇一一年三月から七月までの間が、彼女が新しい語彙と「社会に対する感覚」を獲得していく時期だったのだろう。当時のツイートを参照する。

子供の頃から思ってることなんだけど……〝知らない〟ことは罪だと思ってる。〝知らない〟から、判断ができない。〝知らない〟から、意見が言えない。〝知らない〟から、行動できない。〝知らない〟から、無関心。今回の原発の問題、私も正直世の中のほとんどの人同様、何にも知らなかった。（二〇一一年四月一二日）

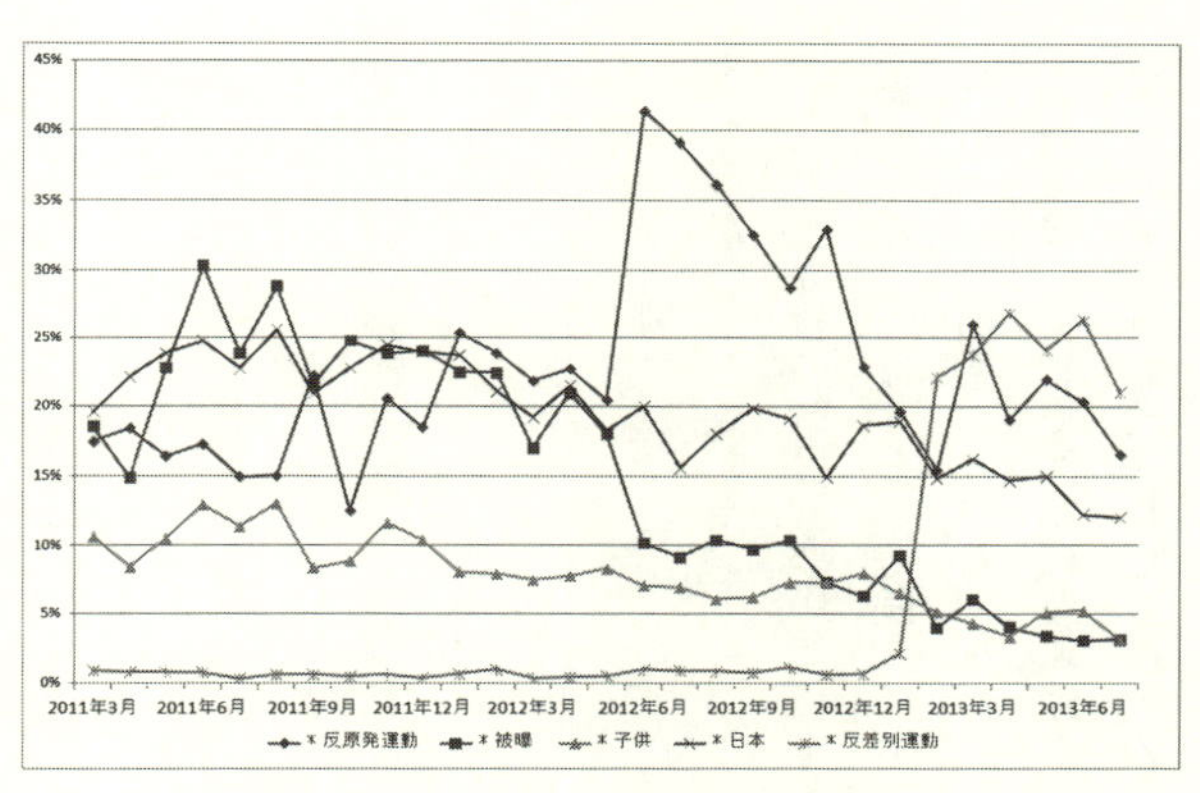

図 14　麻生ツイート　トピックの時系列変化

原発反対！なんて言ってる人の方を「こわいなぁ」なんて思ってた。何も知らないくせに。事故が起こり、知らない専門用語がバンバン飛び交い、素人目に見ても　原発施設からの爆発映像めいたものが流され、白煙があがるのを目にして、異常事態だと思った。（二〇一一年四月一二日）

態度変容は語彙の学習から始まる。時間がたつにつれて、その語彙を、自分の言葉として語ることが可能になっていく。三・一一のあと、日本人の生活は一変し、ある人々はそのことを自分の問題として深く受け止めるに至った。麻生は、自らの無知に気付き、学び、反原発運動に参加するようになる。そしてそのことが自分の「真実」であると受け止めるようになった。ツイッターによって学び、ツイッターに書き込むことで新たな自己を形成していったのである。

グラフのとおり、麻生は、二〇一三年から反レイシズム運動に参加していく。一度形成されたネットワークと学習した「社会に対する感覚」に支えられ、ためらうことなく次の運動にも参入したのである。

〈ミサオ・レッドウルフという傷ついた物語の語り手〉

赤狼の憂鬱

初めてミサオに会ったのは、二〇一二年九月四日のことだった。ミサオほかの反原連関係者が、八月二二日、野田首相（当時）と面会した直後だった。席に着くなりミサオは、凄いスピードで切れ目なく話を始めた。どのようにして、七月三一日の国会議員との会合や、首相との面会の段取りが決まっていったのか、たった一週間前に抗議現場で初めて会った私に、実にざっくばらんに話してくれた。言葉を選ぶときにためらいがない。「任務についているときは兵士として働いているのです」。その人生において、幾度かエゴというものを叩き壊される、そんな経験をした人ではないかと感じた。

六月二九日の時は、夢中で何をしているかわからなかったという。お年寄りや子供がいて将棋倒しになったりすると危険なので、解散せざるを得なかった。脚立に乗って話しているミサオの腕を掴んで引きずりおろそうとする男性もいた。

その後今日まで四年に及ぶ路上での抗議活動を可能にしたこの決断が、非難されていることに当時は悩んでいた。特定の政党の支配下にはないとか、寄付は活動のために適切に使われているとか、スタッフはボランティアで報酬を受け取っていないとか、既存の政党や団体から独立した、自発的な社会運動が立ち上がったときに、今でも寄せられるテンプレートの非難にいちいち答えなければならない状態だった。また、組織の幟旗を下げてもらうことや、マルチ・イシューではなくてシングル・イシューでやることについて、理解してもらえないことも悩んでいた。原子力ムラや、政府との対応以上に、そのような運動内の論争がミサオを悩ませているようだった。小熊英二によって「戦後社会運動の転換点」と称された一連の行動を組織し、前代未聞の、市民運動家と総理大臣との直接交渉を成し遂げた直後のミサオは、実に憂鬱そうだった。

　ミサオは首相との面会を終え、次の行動計画や、組織運営について心を砕いていた。この時はまだ、いきなり歴史の奔流に巻き込まれてしまった市民活動家の女性という側面も感じられた。取材を終えて帰り際、方向音痴の私が駅への道を聞くと、ミサオは笑いながら教えてくれた。方角を指し示す手首には、色鮮やかなタトゥーがあった。

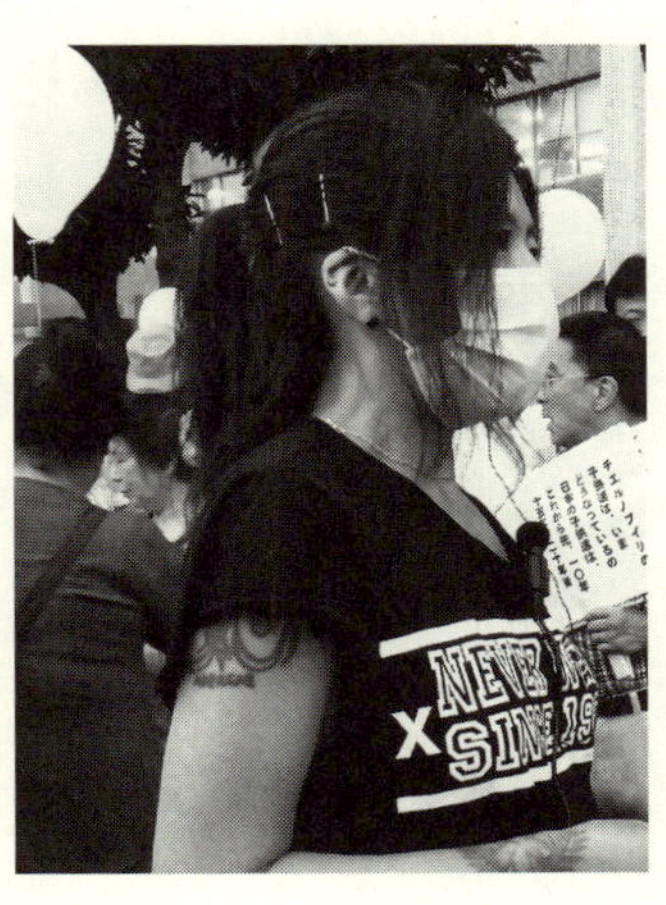

図15　ミサオ・レッドウルフ

赤狼の誕生

　ミサオ・レッドウルフは、イラストレーターとしての名前、ペンネームである。ミサオはファッションデザイナーとしてスタートしたが、成功の途中で一九九〇年米国に渡り、様々な経験をする。この時の決断に対してミサオは、「デザイナーとして成功しかけたが、その業界の人々の生き方と、自分の望む生き方が違うと

している。

感じた」と述べている。この生き方を求める求道的な姿勢は、その後のミサオの活動でも一貫している。

帰国後一九九九年からイラストレーターとして活動していたが、二〇〇七年から反原発運動を開始する。この頃始めていた職業上の大きなプロジェクトを中断することになり、反原発運動に専念し始める。現世的な成功を二度放棄したことになる。生業を中断していることについてミサオは、「身体が弱いので運動と両立できないから」と説明している。

ミサオの信念の中心は、二〇〇六年ごろ瞑想中に受けた啓示にある。「私は所詮使われている身、神の道具だ」とミサオは言う。「戦後社会運動の転換点」と言われた官邸前抗議には、前例がない。新しい行動計画が必要だった。「ミサオさんは、新しい戦略を立てることにたけている。新しいアイデアや戦略を出す人と、それを実行する人との両方が必要で、ミサオさんがそれを出し、自分の役割は実行することだ」と反原連の戸田は言う。

ミサオの行動計画は、すべて一瞬の直感で得られたビジョンに基づいている。ビジョンは、その細部に至るまで完成された計画として訪れる。あとは実行するだけである。イラストを描く時も、まず細部まで完成した絵のビジョンを得る。「イラストを描くという作業は、それを描き写す作業に過ぎないので、あまり楽しくはない」とミサオは言う。

しかし、ミサオは対外的にそのことを語らない。「非合理的」と一般的に理解される可能性がある信念が、社会によってどう扱われるかをよくわかっているからだ。その点では、すぐれて自己観察的である。同時に、その求道的な信念に基づいて行動しているミサオの活動戦略が、完全に目的志向的で、成熟した政治性を見せているということは併せ考えることが重要である。この両面性、すなわち存在論的確信と理性的戦略、恒常性と再帰性が連続している点が、注目されるべきである。なぜならば、我々は、原発事故によって存在論的に脅かされ、理性的に生活を取り戻すことが求められているからである。

運動の物語と参加者の物語

そのミサオがツイッターによって、どのような情報発信と他者との交流を行なっているかを分析する。

ミサオのネットワーク図（図16）では領域Ａには「原発」がある。この「原発」が言葉のネットワークの中心である。領域Ｂでは左側に「東京」「参加」「デモ」と日曜日に行なっているデモの告知があり、右側に「官邸」「大飯原発」「稼働」「抗議」が配置され、毎週金曜日の官邸前抗議の呼びかけがある。領域Ｃでは福島県いわき市に関する話題が多く、放射線に言及している。領域Ｄは、自分や他者に関する思索や洞察である。

つまりミサオのテキストは、①デモと抗議の告知、②福島への配慮、③自己と思索と洞察の三つの世界によって構成されており、それらは比較的独立して併存している。

ミサオの図には権力的な闘争は現れない。それは原発を止めるという一点に集中する（シングル・イシュー）という反原連の主張の現れである。

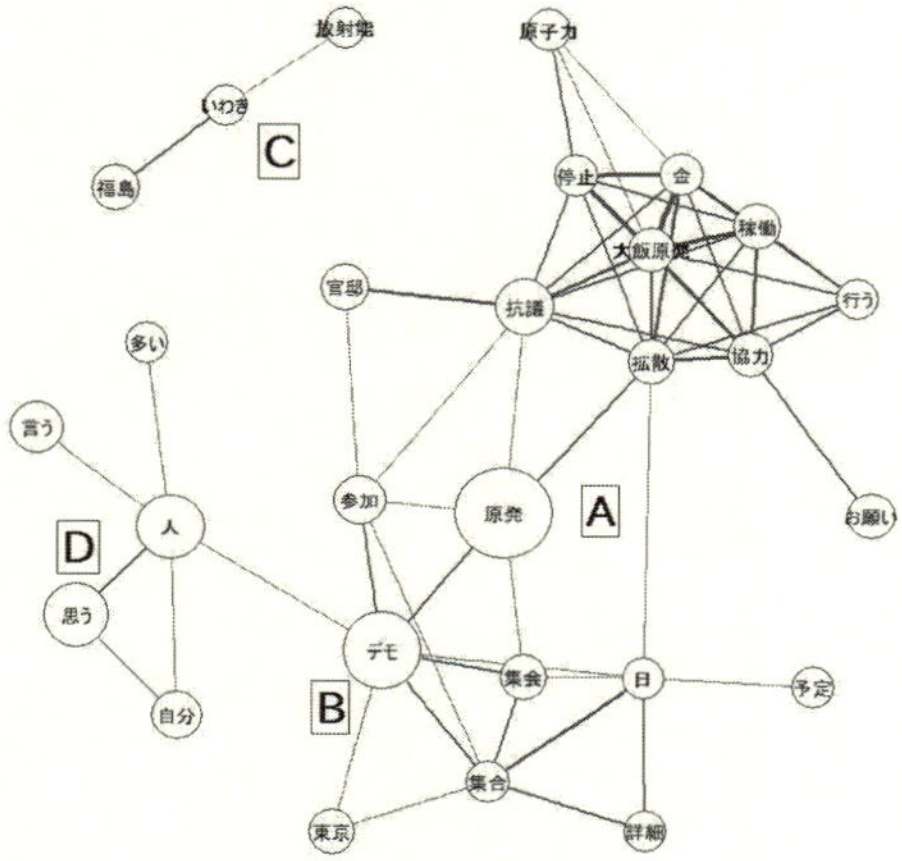

図16　ミサオ Redwolf 単語共起ネットワーク
（2009.12.12-2013.5.27）

赤狼の内省

思索の領域（図16：D）でミサオが語っていることが何か、いくつかのツィートを抽出して考察しよう。他者に貢献することを使命と考えるメッセージや、克己的な、積極的なメッセージがある。

> 自分の仕事のキャリアでここまで真剣にやったことってなかった。暮らせればいいし名誉とか出世とか興味なかったし。やはり人間、自分自身のことより、他人や全体のことへのほうが一生懸命になれるんだなと思う。（2013.05.20）

> 決意するタイミングが訪れることはあるけど、決意は自分が能動的にするものなんだよね。決意は踏みとどまることでもあり、決意せず流されることもあるだろ

う。決意や選択することを恐れていても、いつか巡り巡って更に大きな課題になって目の前にもどってくる。（2013.4.5）

しかし同時に、自らの苦悩、自分の人生への絶望も語られる。六月に官邸前抗議の参加者が激増する前、デモの後ミサオは自省する。

参加者数は伸びないし多くないとは言え、沿道の反応も良く、どちらのブロックも雰囲気が良かったように思うし、経費もなんとか赤字をまぬがれそうだし、だけど毎度のことながらその日の夜は気分が落ちる。自分が不十分だったところばかり目につき感じるからだろうか。（2012.5.20）

画期的な車道開放を経験したあとも、孤独について語る。「自分がこんなこと言ってはいけないのはわかっているけど。時折激しい孤独感に襲われる。（2013.03.17）」現在進行中の運動のオーガナイザーが、自分の苦悩や弱さをそのままに書くことは、注目すべきことである。ミサオの物語はオーガナイザーの物語でありながら、社会運動を推進し、時に参加者を縛る「運動の物語」ではなく、むしろ参加者が自分の経験について語る「参加者の物語」（Davis, 2002: p54）である。

もう一つ指摘できることは、ミサオの図では、公的領域Ｂ、Ｃ（デモと福島）と私的領域Ｄが併存していて、「原発」によって接続されていることだ。私的な生活（参加者の物語）と反原発抗議（運動の物語）という公的な領域が「原発」というキーワードによって接続されていることになる。自らの生活物語の延長線上に、反原発運動がある。

今日多くの運動参加者は、社会科学的理論やイデオロギーによってではなく、原発事故によってもたらされた自らの私的生活での体験に基づいて抗議に参加している。官邸前抗議参加者は次のように訴える。「私の故郷は放射能汚染により海も山も川も土地もすべて汚されました。あの日、地震と津波だけであったなら自分たちの力で再起できたのにもかかわらず、福島第一原発事故によって私たち住民の力ではどうすることもできなくなってしまった。(野間二〇一二:no page)」彼らは、自らの私的生活の物語を集積して、抗議という公的領域に直結させている。ミサオの図もその一つである。

前述のような苦境を伝えるミサオのツィートにしばしば参加者から気遣いのメッセージが届く。それに対するミサオの返答の一つが以下である。

「ご心配おかけしてごめんなさい。周りの人たちの暮らしや健康状態に気をはせる余裕はまだあるので、大丈夫だと思います。それができなくなった時が休む時だと思ってます。(二〇一三年二月二日)」

ここにはツイッター上での物語交換または共同制作による繋がりが示されている。運動内での個人の関心の醸成や共同性が、このような物語交換の中で行われていく。

反原発運動における物語の共有

この章では、前述の参加者麻生の物語と、ミサオ・レッドウルフというオーガナイザーの物語

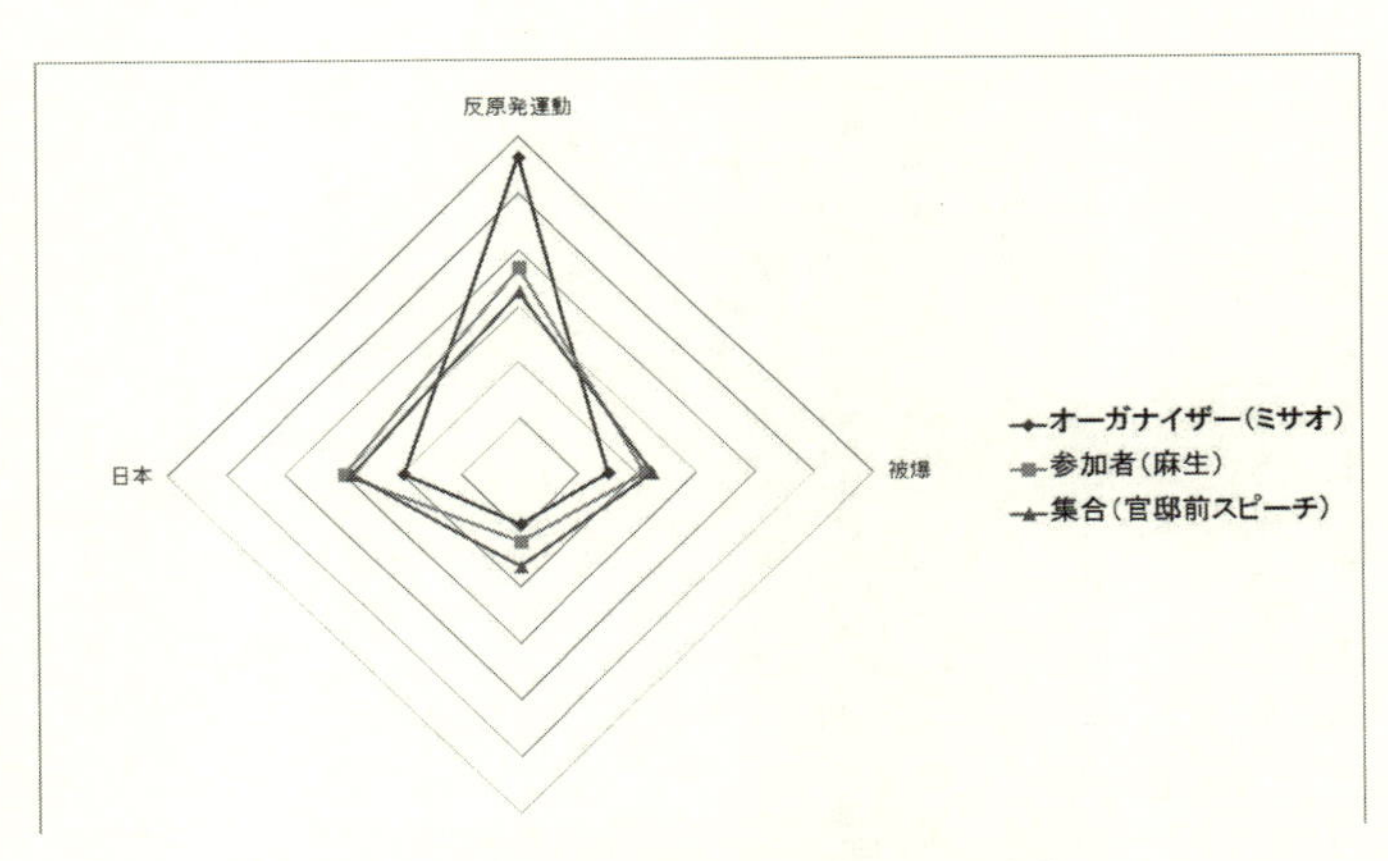

図 17　三つの物語の比較（Tamura, 2016）

を取り上げて分析した。このような運動をめぐる物語はいかに共有されているのだろうか。これについて考えるために、これら二つのテキストに加えて、官邸前抗議の一般参加者スピーチを書き起こしたテキストを分析の対象に加える。麻生のテキストから抽出した分類基準を共通のものさしにして、三つのテキストに当てはめて比較した。その結果が図17である。

比較してみると一参加者である麻生と、官邸前抗議スピーチの集合的物語のグラフはとてもよく似ている。これまで述べてきたように反原連は、統一性のある団体ではなく、オーガナイザーと参加者とが同じテキストを使って勉強しあっているわけでもない。それにもかかわらず、路上とネットを通じて、反原発の語彙とトピックのバランスが共有されている。オーガナイザーであるミサオの図で「反原発運動」の割合が高いのは、自然なことだろう。

本書では新宗教信者の信仰の深化について物語ア

プローチとテキストマイニングを併用して分析した秋庭・川端（二〇〇四）にならって、このテキストマイニングで発見された物語の基本要素について、フランスの哲学者ポール・リクールの「ミメーシスの循環」の議論に基づいて解釈する。

ミメーシスとは模倣、模写の意味であるが、アリストテレースは、『詩学』においてより積極的な意味で使用している。芸術は生きている現実に根拠を持ちそれをミメーシスしつつも、世界の単なる模写ではなく世界の本質をミメーシスする。単なる模写ではなく、現実を構成し提示するという主体の働きが含み込まれる（森岡、二〇〇二、三四‐五）。そして、アリストテレースが語る悲劇（本書に引きつければ物語）は、行為の再現（ミメーシス）であり、「行為の再現とは筋（ミュートス）のことである。詩学には「ここで私が筋というのは、出来事の組み立てのことである」（アリストテレース、訳一九九七、三四‐五）と述べられている。出来事すなわち体験は、それだけでは物語ではないが、聞き手が理解できる形で組み立てられ、筋（ミュートス）すなわち物語に変わるのである。ここでミメーシスは、筋（ミュートス）とつながる。

ポール・リクールは、このミメーシスに三つの契機があり、それらは連接し循環していると考えたのである。そしてこれらの契機をミメーシスⅠ、ミメーシスⅡ、ミメーシスⅢと名付けた。

ミメーシスⅠとは、「まず人間の行動がその意味論、その象徴論、その時間性においてどういうものであるかを先行理解すること」である。「詩人と読者に共通なこの先行理解の上に、筋立てが構築され、それとともにテキストと文学のミメーシス論が立てられるのである」（リクール一九八七、一一七）。リクールはこれを「実践的領域の先形象化（prefiguration）」（リクール

一九八七、一〇一）と呼んでいる。

ミメーシスⅡがアリストテレースのミメーシスである。創作の世界を開き、文学作品の文学性を作り出す筋立てを作る、統合形象化の作用である。すなわち現実を構成し提示するという主体の働きである。リクールは、このミメーシスの前過程と後過程を示したのである。ミメーシスⅡは筋（ミュートス）を生み出す。前述のように、単なる出来事の羅列は物語ではない。ミメーシスⅡは、「出来事を理解可能な全体として編成して、つねにその話の『主題』は何かとたずねられるように」する作用であり、「単なる継起から統合形象化をひき出す操作である」。

ミメーシスⅢは、ミメーシスⅡの後続過程であり、「テキスト世界と、聴衆または読者の世界との交叉」（リクール、一九八七、一二七）を示している。つまり、読者は構築された作品の世界をふたたび読者自らの世界へと接続し解釈するのであり、「作品受容によるその再形象化（refiguration）」（リクール、一九八七、一〇一）のプロセスだといえる。「物語がミメーシスⅢにおいて働きかけと受苦の時間に復元されたときに、物語は十分な意味を獲得する」。そして「ミメーシスの行程が完結するのはまさに聴衆または読者においてである」（リクール、一九八七、１２７）とリクールはいう。

作品は、ミメーシスⅠ（先形象化）によって作者と読者に共有され、物語はミメーシスⅡ（統合形象化）をへて構築され、構築された物語は、ミメーシスⅢ（再形象化）をへて読者によって解釈された世界に帰っていく。そしてそれが、次のミメーシスⅠにつながっていくのである。

図17が示しているものは、三つの物語の構成要素、ミメーシスⅠである。インターネットがも

たらしたものは、リクールの文学理論において抽象的な存在であった読者が、ネットの物語交換においては、常に明らかな存在になったことだ。オーガナイザーと集合的物語に潜在していたミメーシスⅠ、すなわち語彙とその配列は、麻生によって学習されて（ミメーシスⅢ）、麻生自身の物語を生み出した（ミメーシスⅡ）。麻生の物語は読み手によって即座に解釈されて（ミメーシスⅢ）、次のミメーシスⅠになる。このプロセスはインターネット上で明示的に行われ、それによって社会運動の物語と個人の物語が共有され、私から公へ至る第三の空間が開かれていくのである

ここで共有されているのは、被爆、子供、日本、反原発運動である。つまり、科学合理主義（再帰性）の暴走、生命への畏敬（恒常性の回復）、国とは何かという問い、そしてその表現としての反原発運動である。ここで抽出されたテーマ群が、続く二つの運動、反差別運動、反安保闘争でも繰り返し問われる。

そして、集団として統一体ではないのに、官邸前抗議をめぐる三つの物語がシンプルに構造を共有できているのは、このミメーシス循環と同時に、官邸前抗議がシングル・イシュー・ポリティクスを採用しているからである。シングル・イシュー・ポリティクスは少ない一致点のみを共有する。そして、発言者の資格を問わない。当事者性を問わない社会運動なのである。この点が次の反差別運動への理論的足がかりとして重要である。

第2章　反差別運動

図18　ヘイト・スピーチデモ　撮影：矢部真太

「今はしんどいかもしれないけど、一緒にがんばろう」それでいいんじゃない？と思う。私も在日も日本社会の構成員で、「自分の」社会の問題だ。（李信恵『＃鶴橋安寧』）

ＨＩＶをもっている人も、そうじゃない人も、僕らはすでに一緒に生きている（LIVING TOGETHER 計画）

1　差別を許さない

疑問の余地なく明白に、差別は悪である。差別は悪の一形態であるので、当然である。したがって、差別に反対するのに理由はいらない。真理は単純で説明の必要がない。

逆に、差別しようとするものは、理由を作り言葉を尽くす。典型的なのが、「在日特権を許さない市民の会」（在特会）の主張する「在日特権」という虚構、デマである（野間、二〇一五）。在特会を中心とする複数の団体が行う、人種差別、民族差別、ＬＧＢＴ差別を正当化し主張する差別扇動デモ、いわゆるヘイト・スピーチデモが、二〇〇九年以降特に目立ってきた（安田、二〇一五）。

二〇一三年、在日コリアン集住地域、東京・新大久保では激しいヘイト・スピーチデモが行われていた。在日コリアンが住み、働く目の前を、「朝鮮人は出て行け！ Go Away Korean!」「平成朝鮮征伐」と書いたプラカードや幟を持ち、言葉の限りを尽くして差別を先導し、民族への迫害を行っていた。

なぜ、差別という定着した日本語ではなくて、ヘイト・スピーチという外来語を使うのか、ということから説明を始めなければならない。弁護士諸岡康子によれば、ヘイト・スピーチという用語は、ヘイトクライムという用語とともに、一九八〇年代のアメリカで作られ一般化した。日本では「憎悪表現」と直訳されたこともあり、いまだに単なる憎悪を表した表現や、相手を非難する言葉一般のように誤解されていることも多い。しかし、これらの用語は、明白に人種、民族、性などのマイノリティーに対する差別に基づく攻撃を指す。したがって、ここでヘイトとは、マイノリティに対する否定的な感情を特徴づける言葉として使われており、憎悪感情一般ではない。

では解説が必要なヘイト・スピーチという言葉を何故使うのか。それは、表現の自由と衝突する問題がそこにあるからである。不特定多数に対する差別的な発言をするデモを行うことは、就職差別など個人に対する直接の差別と比較して、現行法上は表現の自由であるとして規制することが難しい。例えば韓国人全体に対して発言する場合には、個人を特定していないので、簡単には名誉毀損や恐喝にはならないのである。しかし、在日コリアンの心は実態として深く傷ついていくし、ヘイト・スピーチが蔓延する社会は差別をしやすい社会環境を作ることであり、ヘイト・スピーチはもはや行為である。米国の法学者チャールズ・ローレンスは次のように言う。

人種差別主義は一〇〇パーセント言論であり、一〇〇パーセント行為である。（略）すべてのヘイト・スピーチは、人種が故に非白人の自由を抑制する社会的現実を構築する。かような社会を構築する意義を持った行為は、他者の生存の機会を制限するのであって、それ故レイシストスピーチは行為だと言える。（一部改変　梶原、二〇〇七年、五九頁）

この表現の自由との衝突が、二〇一三年以来の反差別運動における中心的な問題であった。表現の自由とどう戦うのか、この問いが繰り返し問われてきた（野間＆張、二〇一五）。ヘイト・スピーチデモを申請すれば、現行法を理由として、デモが不許可になることはない。序でも述べたようにこの現状に対して、国連人種差別撤廃委員会（CERD）は二〇一四年八月二〇日から二一日、人種差別撤廃条約の実施状況に関する日本報告審査を行った。

「在日特権を許さない市民の会」（在特会）らによる民族的憎悪に満ちた排外デモの現場の数々を映し出した動画を見た委員からは、「日本国憲法の枠内で条約を実施するというが、憲法がなぜ制約になるのか。ヘイト・スピーチに対処することと表現の自由とは矛盾しない。実際、『殺すぞ』といった威嚇が行われており、非常に過激な言動だ。ヘイト・スピーチを処罰する法律を設けるべきである」などの意見が出た。

憲法が制約になるというのは、日本は人種差別撤廃条約を批准しているが、「人種的優越又は憎悪に基づくあらゆる思想の流布」、「人種差別の扇動」等につき、処罰立法措置をとることを義務づける第4条（a）及び（b）を、表現の自由を理由に留保しているからである。委員たちによって畳みかけられる提言にもかかわらず、日本政府代表団代表の河野章大使は、「現在の日本が留保を撤回し、処罰立法措置をとるほどの状況に至っていない」と回答したのである（ヒューライツ大阪、二〇一四)。

ヘイト・スピーチに法的規制がかけられない間も、一刻一刻、被害者は刻まれていく。関西学院大学教授・社会学者金明秀は、その被害として、（1）恐怖（2）コミュニティの破壊と表現の萎縮（3）自尊心への脅威と子どもへの影響を上げている（金、二〇一六）。

二〇一六年四月現在、国会には差別を撤廃するための法案が提出され審議中である。二〇一六年三月二二日の法務委員会で、社会福祉法人青丘社ふれあい館職員の崔江以子は、参考人として公述した。以下は、参議院法務委員会議事録に基づく。

川崎市では二〇一三年から一二回にわたってヘイト・スピーチデモが行われた。二〇一五年一一月八日と二〇一六年一月三一日のデモは、その前に行われたデモとは大きく意味が違った。駅前周辺で行われてきたヘイト・スピーチデモが、一一月八日に川崎区の臨海部、在日コリアンの集住地域に向かってやってきた。

川崎に住むごみ、ウジ虫、ダニを駆除するためにデモを行います。

出発地の公園でそう宣言し、「ゴキブリ朝鮮人をたたき出せ」とヘイト・スピーチをしながら集住地域へと向かってきた。崔江以子は証言した。

ヘイト・スピーチをする大人の人たちに、外国人も日本人も仲よく一緒に暮らしていることを話せば分かってくれるはずだと信じて沿道に立った私の中学生の子供は、余りのひどい状況に強いショックを受けました。多くの警察がヘイトデモの参加者のひどい発言を注意するどころか、守っているかのように囲み、差別をする人たちに差別をやめてと伝えたくても、警察にあっち へ行けと言われ、デモ参加者からは指を指されて笑われ、どうして大人がこんなひどいことをするのと大人に対して強い不信と恐怖心を持ちました。

ヘイト・スピーチデモは、二〇一六年一月三一日、また川崎を攻撃した。「集合場所の公園やデモに許可を出さないでほしいと行政機関にお願いしても、不許可とする根拠法がないのでできないと断られました」。たくさんの警察に守られながら、「一人残らず日本から出ていくまでじわじわと真綿で首を絞めてやるから」とデモを扇動した人間が桜本に向かってくる。デモは叫ぶ。「韓国、北朝鮮は敵国だ、敵国人に対して死ね、殺せと言うのは当たり前だ、皆さん堂々と言いましょう、朝鮮人は出ていけ、ゴキブリ朝鮮人は出ていけ、朝鮮人、空気が汚れるから空気を吸うな」。彼らは警察に守られて、集住地域に向かってきた。

あのとき、私の心は殺されたと同じです。

その日、東京・神奈川から集まって、ヘイト・スピーチデモに並走し、集住地域へ入ろうとするデモを住民とともに座り込み、寝転んで阻止し、デモのコースを変えさせた一群の人々がいた。彼らは「カウンター」と呼ばれる。英語の counter には動詞もあり、「対抗する、立ち向かう、反撃する」という意味がある。作用に対する反作用。政党でもなければ統一した目的を持った団体でもない。

言わば受動的な存在である。ヘイト・スピーチがなければ存在することもない。雲のように集まり、雲のように消える。カウンターはどんな人達なのか?

2　始まりのＫポペン

それはＫポペンから始まった(神原、二〇一四:李、二〇一五、一六頁)。「Ｋポペン」はＫ−Ｐｏｐ、韓国ポップスのファンである。在特会に対する反対運動(カウンター)は二〇一三年一月一二日、新大久保で差別扇動デモを行った在特会長桜井誠に対する、Ｋポペンによるツイッター上の大批判として始まった。Ｋ−Ｐｏｐが大好きな少年少女が、大好きな歌手の国、国民に対する差別デモにたまりかねて声を上げた。そのひとつを紹介しよう。

一言で中二病。おっさんにわそーやってメガホンとかもってギャーギャーする考えしかねーの?
そんなに韓国嫌いなら韓国の政府行けばよくね?　新大久保の韓国の人わただ仕事してるだけなんだけど。おっさんそんなことしてるんだったら仕事すれば?(改行改変)

全く正論である。正しい人権感覚、そして国民と国家の責任の区別にも言及している。三月三一日に新大久保で行われたヘイト・スピーチ反対署名に参加したが、買い物に来たらしい少女が署名に応じてくれたのを覚えている。

図 19　川崎桜本シット・イン　撮影：植田千晶 2013.1.31.

おもちも、このツイッターでのカウンターに加わったKポペンの一人だった。おもちは、生きづらい少女だった。小学校、中学校と学校にはなかなか行けなかった。高校は定時制に入った。まわりには貧困が溢れていた。友達には、父親のDVから逃れて、祖父の家に逃げていった母娘もいた。「でも、おばあちゃんが自殺して、おじいちゃんが癌で死んじゃった」。母がうつ病になり、収入はその娘のバイト代だけになった。中一の弟と必死に暮らしていた。祖父が残した家と車があったので生活保護を受けられなかった。「でもその子は、絶望してるわけじゃなくて。うちはこうだから、みたいな」。貧乏だから、仕方ないと。おもちは、なんて声をかけていいかわからなかった。「外国人の子が多くて。ハーフだったり、親が移り住んだから一緒に来たり。日本語が上手く書けないから、友達にハブられたり、バイトしてもメニューが書けなくて怒られたり」

貧しければ貧しいほど、みんな友達を作って群れていた。「とにかくつながって、つながって、いいことも悪いことも（笑）、一緒にする」。何もすることがないのに、夜海に遊びに行った。それでもみんな毎日笑っていた。「それが当たり前すぎて、政府が悪いとか感じることもなくて、怒りを感じるほどの知識すら与えられていなかった」。そんな毎日で、Ｋ－Ｐｏｐを聞いて韓流ドラマを見ることだけが、一六歳になったおもちの楽しみで生きがいだった。韓国人だからと差別するデモには、小さな体の奥底から炎のような怒りが湧き上がった。絶対に、絶対に許せない。

３　レイシストをしばき隊

二〇一三年一月、野間易通は「レイシストをしばき隊」（しばき隊）を結成し、ネットでメンバーを募集した。反原連のメンバーとして先に紹介した野間は、実は反差別運動家としての経歴の方が長かった。しばく、とは鞭（むち）や細い棒などで強くたたくことである。カウンター行動は非暴力直接行動なので、実際には、「強い口調で説得する」ことを指している。

野間はツイートでメンバーを集めた。

レイシストをしばき隊　隊員募集——新大久保で一般市民や近隣店舗に嫌がらせしたり暴行を働くネット右翼の邪魔をします。（二〇一三年一月三〇日）

この時、参加したいと申し出た女性が断られている。

女子はだめです。あいつら女子供老人を集中的に標的にしますんで。（二〇一三年一月三〇日）

女性が入れないなんて女性差別？　もっとも、子供も老人も入れない。しかし、しばき隊には給与もなければ特典もない。逆にリスクはいくらでもあった。交通費などの活動実費、レイシスト・警察と接触の可能性、恋人や家族と過ごす休日の消失、社会運動一般に対する根強い偏見。参加することによってリスクしか生じない集団に、入れないことによる不利益は存在しない。野間は、一人で勝手に始めた。自分のやりたいように誰でも始めることができた。したがって、ほぼ同時に木野トシキが、差別扇動デモに対して黙って反対のプラカードを上げる「プラカード隊」を始め、金展克がデモコースの変更を求める署名を集めた。さらに、男組、差別反対女組など、独自に組織して行動する人々が現れた。

ところで、差別扇動デモに対して直接抗議の声を上げる「カウンター」と呼ばれる行動は、しばき隊が始めたものではなかった。先ほどのツイートにあるように、しばき隊の目的は差別扇動デモが解散したあと、毎回セットのように行われていた付近のコリアンタウンの商店街での嫌がらせを止めることだった。その後路上のカウンター行動は、そこに参加する人々によって思いも寄らない方向へ動き出していった。しばき隊、プラカード隊などは、やがてＣＲＡＣ（Counter-Racist Action Collective）に改編された。

当事者性を問わない運動

しばき隊から始まったカウンター活動は、「当事者性を問わない」ところに特徴がある。官邸前抗議同様のシングルイシュー運動で、「差別扇動デモに反対する」という以外の参加資格を問わない。このことが参加者の敷居を下げ、反差別カウンター運動を拡大した。ここで注意すべきなのは、「当事者性を問わない」ということは、日本人の運動であるとか、マジョリティの運動であるという意味ではないことである。第一部で書いたように「人が集まる器」という意味である。

まず、「当事者性」について説明が必要である。「当事者性」は、差別や困難に直面している人々が、自分がどんな存在かを位置づける上で重要な「表現上の戦略」として一九七〇年代から現れた。そして現在では、差別や困難を解決しようとする集団の中心的な概念となっている。

日本では障害者の自立生活運動と女性運動の交差から、中西・上野のいう当事者とは、「私の事は私が決める」という最も基礎的なことを奪われてきた社会的弱者であり、女性、高齢者、障害者、子供、性的少数者、患者、精神障害者、不登校者、等々の人々である。当事者主権とは、これらの処遇を自分以外の人々によって決められてきた人々が、医師、行政などの専門家主義に対抗して「私の事は私が決める」権利を主張することである（中西・上野、二〇〇三、二－三）。

しかし、このような用語で問題を考えることは、必ずしも世界中どこでも起きている事ではなくて、マクリーランドは同じ意味を持つ適切な英語の表現を探すことが難しいという（McLelland、二〇〇九、一九三）。例えば、日本語の論文題名には英訳が付けられることが多い。当事者性の訳として“the person concerned”という辞書的な訳を使用している場合もあるが、苦肉の策として次のような多彩な英語が当てられている。「親の学校当事者性」：Parent's Participation、「子育て支援における『当事者性』」：Experience as a Mother、「関係性としての当事者性」：the People at the Center of the Issue、「父親の『当事者性』」the Consciousness of Self-Position Realized by Fathers、「当事者とわたし」：Your History and My History。この翻訳不可能な単語を解釈的に訳した英単語群には、おそらく日本の当事者性概念を理解する鍵がある。それは、「参加（Participation）」であり、「経験（Experience）」であり、「問題の中心にいる誰か（the People at the Center of the Issue）」の、「自己定位（Self-Position）」としての「ライフヒストリー（My History）」なのである。すなわち客観的な事実というよりも「表現上の戦略」、自己同定である。

しかし、やがて当事者と非当事者の間のコンフリクトという問題が起こっただけでなく、当事者の中においてもコンフリクトが起きた。「当事者」とは、元来法律用語で、そこには「非当事者」の存在を前提とする二項対立的な含意がある。前述のように当事者性には個人的なコミットメントの度合い、どれほどそれに巻き込まれているかという問いが緊張としてあった。したがって一九九〇年からは、誰が本当に当事者を構成するのかという問いが注意を引くようになってきた。かくして、社会運動に参加する人間の、当事者性が問われるようになったのである（McLelland、二〇〇九、一九五－七）。当事者概念は、当事者と非当事者を切り分け、同時に当事者間において正当性についての争いを引き起こした。日本の社会学者も同様に、この当事者性概念に日本の社会運動が立脚することの問題点を指摘した（川坂、二〇一〇、平野、二〇一二）。

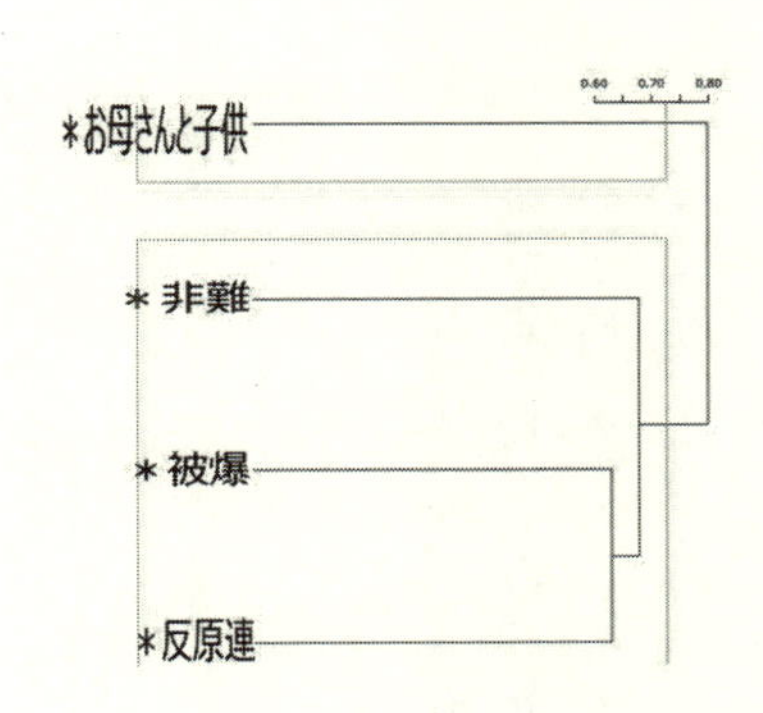

図20　当事者性を発言権の資源とする批判

野間は、「正当な当事者とは何か」について、反原発運動で学んだことがしばき隊のコンセプトに生かされていると言っている（神原、二〇一四、一七四－五頁）。二〇一二年当時の反原発運動では、被爆を重視する人々が、反原連を批判し、反原発問題について語る資格がないと批判した。これについて知るために「被曝」と「反原連」をキーワードにして四五三ツイートを抽出し、図にあるように四つの分類基準を作り、階層的クラスター分析を行った。近くにある分類同士は関係が近い、つまり同じツイートに出てくることが多い。

これを見ると、「被曝」と「反原連」は関係が近く、それが「非難」、「お母さん・子供」とつながっている。第1章の図17に示したように、反原連と官邸前抗議にとって、「被曝」と「子供」は、最大の関心事であった。それにもかかわらず、「子供の被爆の危険性を強調せず、それを案ずる母親の願いを無視している」と批判されたのである。無論、これは社会情報学的な分析を試みたもので、いずれかが正しいと断じるためではない。問題は、そこにあるダイナミズムである。

　このことをピエール・ブルデューの「界」概念を使って考える。ブルデューは社会を関係の総体としてとらえる。そして、高度に差異化した社会では、社会というコスモスはいくつかの相対的に自立した社会的ミクロコスモスから成り立ち、そのミクロコスモスは客観的諸関係から成る空間であって、他の界を統御しているメカニズムや必然性に還元されない、特殊なメカニズムが存在する場所なのである。ブルデューはそのミクロコスモス、たとえば芸術界・宗教界・経済界を分析するために「界概念」を用いる。（ブルデュー・ヴァカン、二〇〇七、一二九―一三七）。ブルデューの研究をうけて、磯直樹（二〇〇八）は、界と闘争の関係について以下のように述べる。

（一）界は価値を付与された資源の制御をめぐる闘争の場である。また、界とは正当化の闘争のための場でもある。界における闘争は資本の特定の形態をめぐって展開されるため、各々の界において力をもつ資本をどれだけ有しているかが、闘争の結果（あるいは経過）を左右する要因となる。
（二）界とは、資本の総量と形態に基づく支配的あるいは従属的な位置＝地位の構造的空間である。つまり、資本は闘争の賭け金であるだけでなく、界内部における行為者の位置関係を規定する要素でもある。
（三）それぞれの界は、アクターに特定の形態の闘争を行わせる。界の内部にはルールが存在し、界の中へ参入するということは、そのルールに従うことを暗黙裡に認めることである。

各界に固有のルールを学習していない行為者は、闘争を有利に進めることができない。（四）諸々の界はそれらに固有の内的な発展のメカニズムによって有意な範囲として構造化され、境界を有するようになる。そして、外的な環境からは相対的自律性を確保することになる。（磯、二〇〇八、三九）

界についてのわかりやすい事例は、チームスポーツ、サッカーや野球である。そのゲームの中での「闘争の資源」（得点）をめぐって独自のルールによって闘争し、序列を決める。「相対的に自立した社会的ミクロコスモス」というのは、ゲームの外にいる人間には無関係の資源とルールを持っているということである。同様に、反被曝と反原発が二項対立になることを、海外の学会で説明することは難しい。先程の反原連の事例で起きた事は、「被爆する母親と子供」と「正当な当事者性」を資源とする界の中での闘争であった。ここで焦点にしているのは、一般的な意味において当事者の意見を尊重すべきかどうかということではなく、「当該の問題に対して正当な発言権を持つ当事者性」がその界の中での闘争の資源となっているという、「界のダイナミズム」である。同時に強調しておきたいのは、当事者性が問題になるのは、必ず弱者にとってであるということだ。権力者は、当事者性など問題にしない。その権力の正当性が社会的に自明だからである。弱者は、その抑圧によって、自らの正当性を証明することを強要され「正当化の闘争」に参加するのである。これもまた、傷をめぐって紡がれる物語である。つまりここで起きている分断自体が、社会的抑圧が押し付けてくるものである。

しかし、「当事者性を問題にする」という事は、その界に参加すると言うことに他ならない。おそらく野間は、これらの経験から、「当事者性を闘争の資源とする界」に参加することは運動を分断することで、それを避けるためには、官邸前抗議のようなシングル・イシューで当事者性を問わない運動をするほかはないと考えたのであろう。第1章で記述した反原連の服部に、「なぜシングルイシューなのか」と尋ねたことがある。服部は、「他の事では意見が合わないから」と答えていた。反原連は当時一三の団体の連合体で、そもそも協働するためには、当事者性を問わない反原発のシングルイシュー以外にはなかった。

反差別運動にもどろう。野間が「当事者性を問わない運動」としてカウンターを始めた背景には、反差別運動における「界のダイナミズム」問題があった。

野間は二〇一三年の著書で、「行動する保守のデモの参加者およびネット上に存在する潜在的な賛同者の多くは、多かれ少なかれこうした『在日特権』をいまだに信じている者が多い」と述べている。「行動保守とは、桜井誠の作った在特会、西村修平の主権回復を目指す会など街頭でヘイト活動を行なう団体を指す総称として、彼ら自身が二〇〇〇年代後半から名乗り始めたものである。左翼や市民運動のスタイルを真似てデモや街頭宣伝活動、行政への抗議などを行った」（野間二〇一三、二七頁）。

ここで注目すべきなのは彼らが左翼や市民運動のスタイルを真似ていることである。同時に彼らは、「自虐史観」ということをしばしば口にし、植民地支配に起因する日本の加害性に対する反省にアンチテーゼを提出する。自虐とは自らを責めるという意味だが、自虐史観を唱える側は、

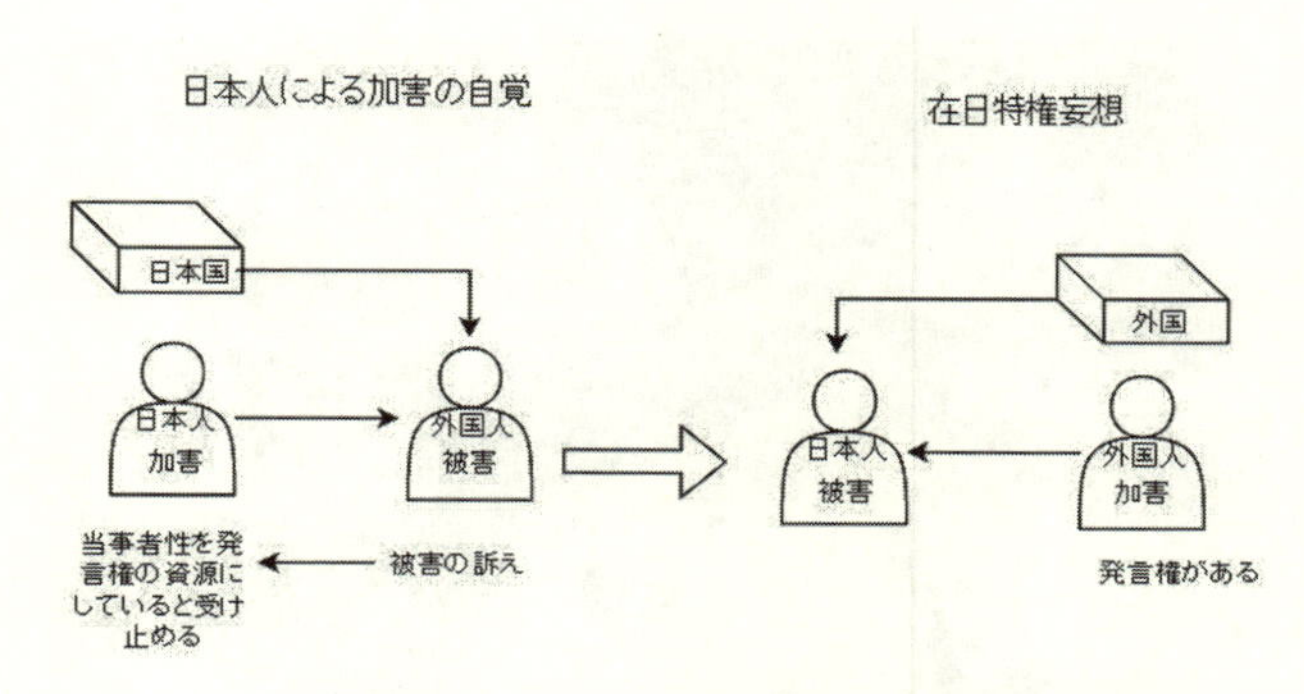

図21　加害性の自覚の枠組み反転としての在日特権妄想

「自分が責められている」と感じているということである。植民地支配に起因する被害の訴えを、自分が責められていて、なおかつ攻める側に正当性、発言権があると考えるならば、そこには、「当事者性を資源とする発言権」をめぐる闘争の界が成立している。そしてそれは、左翼や市民運動の反差別運動が持っていた構造を反転させたものでは無いのだろうか。八〇年代に日本の加害性について学んだ私は、忸怩たる自責の念を勝手に抱き、当事者性を資源とする界の形成に加わっていたと思う。それは、在日コリアンや在日台湾人がどうであるかとは別の、日本人の問題であったように思う。そしてそう思った理由の一つは、日本国の行為の責任を、あたかも自分個人の責任であるかのように感じていたことにあると思う。そして国家の責任がすなわち国民の責任だと考えることは、国家主義的なナショナリズムの強い影響の下にあるということだ。それを外国に対して向ければ、北朝鮮が何かするたびに在日コリアンを攻撃するという行動保守の思想になる。

このような視点で、「在日特権妄想」を見てみると次の

図 22　西村修平（左）と対峙する野間易通（右）
撮影：島崎ろでぃ　2014.9.23

ような構造を見いだせる。

在日特権妄想は、被害の訴えを「当事者性を資源とする強い発言権」と受け止め、発言権がある方が差別者で、発言権がないほうが被差別者だと考える「界のダイナミズム」である。さらに国家や社会の責任と、国民個人の責任を混同する。私自身が自らの中にあった「界のダイナミズム」と国家と国民の責任の混同に気がついたのは、在日特権妄想に出会った時である。彼らは私の陰画なのだ。

社会学者の郭基煥は、ここでの在日あるいは朝鮮人は、反照的に日本人としての主体を立てるための記号であるという。「何かそうでないもの」を否定することによって、その照り返しとして、自分を「正当な何者かとして打ち立てる」（郭、二〇一四、四九頁）。そうだとすれば、自らが「正当な主体であるための他者としての記号」は、在日コリアンでも、LGBTでも女性でも、生活保護受給者でもありうる。さらには、私でもあなたでも。最も端的で広いカテゴリ

	再分配の闘争	承認の闘争
運動様式	誰でもない個人による市民権の追求（普遍主義的）	アイデンティティ集団による自己決定権の追求（多文化主義的）
要求対象	物的資源（富，資本など）とその獲得機会の奪回	関係的資源（権力，威信など）の奪回
運動課題	市民としての平等な分配・貧困の解消	アイデンティティ集団の衡平な扱い・差異の承認
利点	マジョリティの共感を得やすい。	アイデンティティ集団の成員を運動に動員しやすい。
欠点	アイデンティティ集団に固有の問題状況は不可視化されがち。	マジョリティからはわがままな権利要求だという反発を招きやすい。

図23　再分配の闘争と承認の闘争の違い（金明秀がインタビューで提示したものを引用）

は、「反日」である。

一旦、このように主客を反転すると、それまでの反差別で作られた理論はそのまま応用することができる。例えば、反差別側が何を言っても、レイシストはオウム返しすればよいことになる。レイシストに「差別はやめろ」と言うと、レイシストは「そうだ、日本人差別をやめろ」と返事をする。

この隘路を抜け出すために、実践的には二つの方策がとられた。一つは、当事者性を問わないカウンター行動を展開することであり、もう一つは、国民としての責任を取る方法として、国に対して正義をなすように要求すること、つまり差別を禁止する法律を要求することであった。

当事者性を問わない運動で、要求されるものは、社会的公正である。すなわち図23で言うところの「再分配の闘争」である。

インタビューに基づいて金明秀の説明をなぞる。以下の説明は近日書籍として刊行予定である。

再分配の闘争がもっぱら物的資源（富，資本など）の平等性を争点にしているのに対して，承認の闘争は物的資源の不平等だけでなく，関係的資源（権力，威信など）の剥奪をも異議申し立ての対象に含むところが根幹的な相違の一つである。具体的には，再分配の闘争においては差別制度の撤廃が求められることが多いのに対して，承認の闘争においてはアイデンティティ集団に付与される差別的な価値観を撤回させることが常に重要な課題となる。それを象徴するのがブラックパワー運動の中で普及した"Black is beautiful."というスローガンである。この言葉は，〝黒は白より醜く，汚らしく，暗い色だ〟という伝統的なイメージを撤回させ，黒人に付与される否定的な美意識を一八〇度転換させるために用いられるようになったものだ。

カウンターは一種の緊急行動である。野間易通は、そのブログで「当事者をないがしろにしています」と述べている。「当事者性を問わない運動」に参加しているのは、日本人ばかりではないが、ここは、このような緊急の消火活動的運動では、アイデンティティー・ポリティクスに接近すべきではない、という意味だと解釈すべきである。

金は、「アイデンティティー・ポリティクス運動が立ち上がった時には、マジョリティーがそれに関与することは極めて難しい」と述べている。同時に、終局的には、再分配の闘争の完遂も、アイデンティティー・ポリティクスなしには上手くいかないとも言う。

評論家の松沢呉一がこのブログについて論評しているように、「たとえば『これこれこういうマイノリティの不利益に対して、どういう行政の対策があり得るか。どういう法整備が求められるか』といった議論において、当事者を対象とした調査や証言は必須であり、その局面においては当事者性が何より尊重されるべき」である。例えばどの言語で教育をうけるか、などである。反差別運動におけるこの二つのフェーズを切り分けて理解することが必要である。

この点について、金（金、二〇一六）は、一方で「反レイシズムという課題を、特定のアイデンティティーの問題から引きはがし、『何者でもない私』たちみんなの問題へと転換させたことが、長年にわたって放置されてきたヘイト・スピーチという問題を可視化し、支援を要する課題として社会的に認識させるにいたった最大の要因であろう」と評価する。他方で、アイデンティティー・ポリティクスを回避することは、「ヘイト・スピーチ被害の非対称性に注目が集まることはなく、同化主義的な色彩の強い日本の支配的価値意識がナイーブに温存されたり、民族的マイノリティ当事者の意思決定権が軽視されるような弊害が生じることもあった」と指摘する。

しかし、「ヘイト・スピーチ問題が根本的な解決をみることのないままカウンターが長期化する中で、こうした弊害はカウンター運動の特性それ自体によって乗り越えられていった。ＳＮＳを通じて運動の『物語』が共有されるという特性によって、マイノリティにとってのアイデンティティー・ポリティクスの重要性がしだいに理解されるようになっていった」という。説明が前後するが、そもそもカウンター活動の拡大自体が、このＳＮＳによる物語共有によるところが大きいと述べている。

当事者性を問わないことは、複合的マイノリティーや境界的マイノリティーにも場を開く。金明秀は、複合的マイノリティーについて、こう書いている。

「何者でもない私」が運動に参入してきたことにより、逆に複数のマイノリティを架橋するようなハブ的人材（例えば在日コリアンであると同時にセクシュアル・マイノリティでもあるような人物）が特定のアイデンティティ・ポリティクスでは掬い取れない問題へと運動参加者の関心を引き付けていった。（金、二〇一六）

また、松岡恵里は、日本国籍を取得した帰化者や、日本人と在日外国人を両親に持つ人々を、境界的マイノリティーと呼び、彼らに聞き取りした（松岡、二〇一六）。日本人としても、在日外国人としてもアイデンティティーを強く持つことができない彼らは、アイデンティー・ポリティクスに参加しにくい。当事者性を問わないカウンター活動は、境界的マイノリティーに参加の機会を開いた。

一人の参加者は次のように言っている。

どっち（日本／在日社会）にも行き場がなかったけど、逆に考えたらどっちにも行き場がある。日本人とも仲良くできるし、韓国人とも仲良くできる。最初は日本の学校行ってるからって韓国人朝鮮人からいじめられて韓国人嫌いになってた。けどよう考えたらどっちとも仲良くできるんやって。

この可能性に心が少し緩む。しかし人は一人では仲良くすることができない。問いは投げ返されている。私は仲良くしているのか？

このようにして、「当事者性を問わない運動」、そして在日外国人のためにではなくて、この社会の公正さのために運動するという戦略が打ち立てられた。しかし、第1章でも言及したベンフォード（Davis, 2002）が言うように、「社会運動の物語」と「参加者の物語」の二重性がありうる。「社会運動の物語」は主に指導者によって語られ、運動全体の方向を示し、周辺的参加者の「参加の物語」と相まって、集合的なアイデンティティーを固くする。「参加者の物語」では、人々は自らについて語り、自己語りをつうじて自らの経験と自我に意味を付与する。

運動全体の戦略が共有されたとしても、運動に参加する以前の経験によって、あるいは運動を通しての経験によって、在日外国人との出会いや自らの体験から、参加者がそれぞれの「参加者の物語」を持っている可能性がある。「当事者性を問わない」という「運動の物語」は、参加者によってどう受け止められ、語り直されているのか。つまり「運動の物語」は、「個人の物語」と、どう交錯して語り直され、ヴァージョンの変化を生んでいるのか。以下に事例を見ながら考察する。

渇きを覚えて

元しばき隊の伊藤大介とは、ホテルのロビーで会うことになった。伊藤の予定が繰り上がって早く会えることになったので、慌ててロビーに向かった。

伊藤は、東京近辺で不動産会社を経営している。かつてのしばき隊のメンバーで、今も反差別カウンターを続けている。二月九日の第一回目のしばき隊の行動から参加した。実名を出し、会社名も出し、正面から、ヘイト・スピーチとぶつかっていた。

カウンターの場所に、伊藤はいつも愛車のメルセデス・ベンツで乗り付けていた。ヘイト・スピーチデモは、車道を行進する。カウンター側は歩行者なので、車道を通ることができないから歩道上から声を上げることになる。少し遠い。しかし、車なら間近までデモに接近することができる。野間によれば、三月から車によるヘイトデモへの抗議は計画的に行われていた。

二〇一三年六月、たまたま都内を走行していた伊藤は、ヘイト・スピーチデモに遭遇した。知り合いのカウンターがレイシストに抗議していたので、声をかけて乗せた。法規通り車道を走行しながら、同乗していたカウンターが、存分にレイシストを叱りつけた。

インタビューした二〇一六年、伊藤は四七歳だった。年齢を初めて聞いて驚いた。そうは思えないようなずっしりした佇まいだった。別に老けているわけではないが、なんとなく自分が四七歳の時と比べてしまうのだろう。生い立ちを聞いた。

私自身には全く父親の記憶はなくて。私が一歳くらいの時には、父は癌で入院していて、三歳の時に癌で死にました。それからは母親と姉弟三人で暮らしていました。

「ご想像の通り」と前置きして「かなりやんちゃな幼少期を過ごしておりました」と言う。小学校、中学校とやんちゃで過ごして、高校も退学になった。「やんちゃ」の詳細は聞かないことにした。「不動産業は最初からですか」と尋ねた。「母子家庭ですごく貧しかったので、お金持ちになりたいなと、わりとそれはずっと小さい頃から思っていた。好き勝手やりながらも、金持ちになりたいと思っていた。色々仕事をしたけれど、最終的に二一歳で不動産業に入った。八〇年代終わり頃、バブルの終局の時だった。学歴はないし、自分が生きられるのは実力社会だろうと思っていた」

その中で、「一番高いもの売ったら儲かるんじゃないか」と思った。周りを見ても不動産屋は羽振りが良い。二一の時に、藤沢の不動産業者に勤めた。伊藤はそれまでいろんな仕事をしていたが、「肌に合ったというか、入ったときには、これは天職だな」と思った。それから合計三社で修行し独立して起業した。伊藤は、金持ちになりたいと思って仕事をした。ある程度のものを手に入れて、本来なら幸せなはずだった。

実は内心すごく乾いていて。ずっと恐怖があったんですね。

「もっと、もっと（金が）なきゃダメだ」という恐怖、そして「これを失ったらどうしよう」という恐怖が伊藤を責め苛んだ。子供や家族に、自分の幼少期のような思いはさせたくなかった。会社に入ってすぐに「馬鹿みたいに一億円の保険に入った」。起業したときには「もし会社が潰れたら死のう」と思っていた。「家族に苦労をさせるぐらいだったら死のう」。追い立てられるように金を稼ぎながら、伊藤は本当に乾いていた。

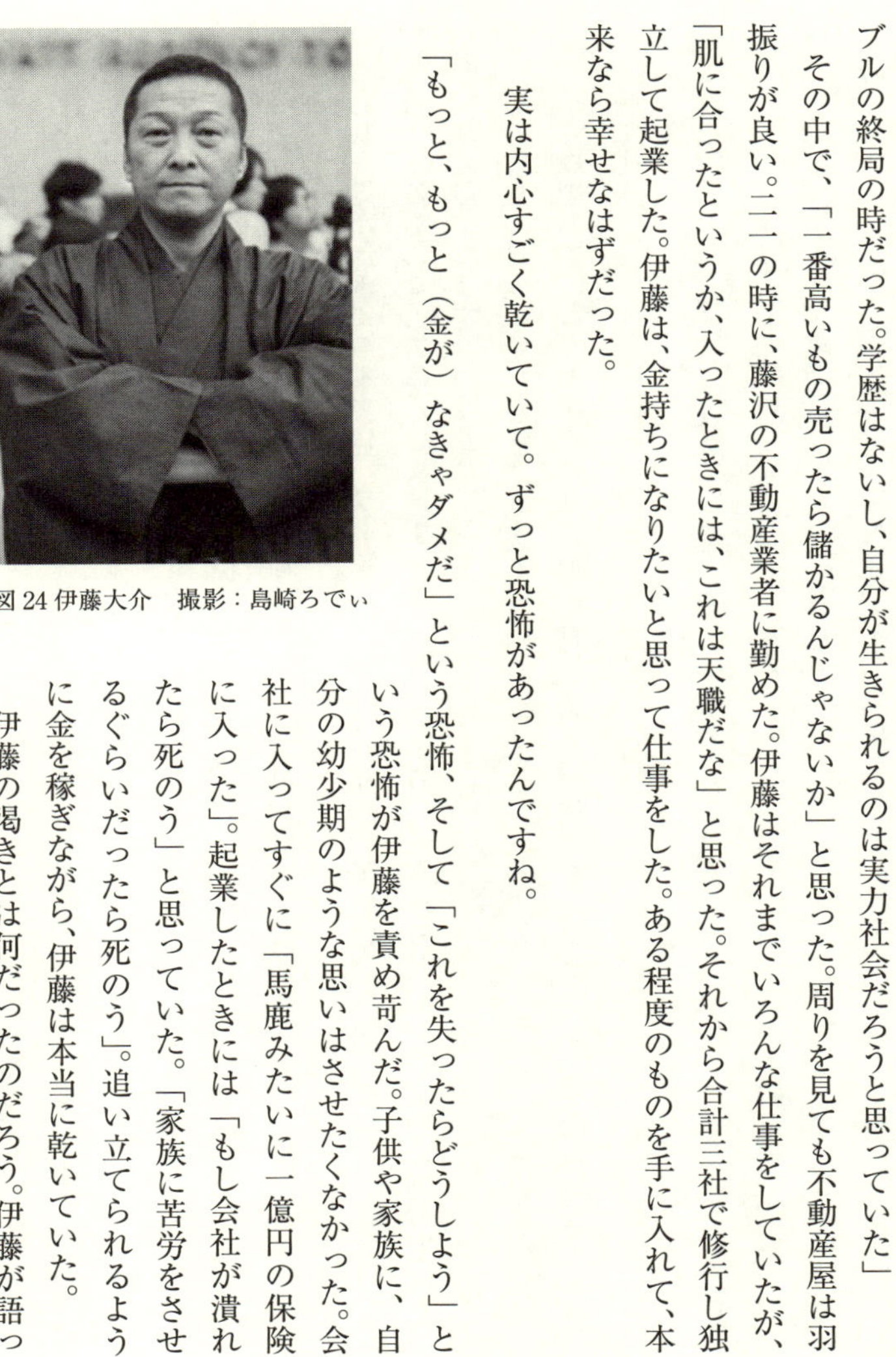

図 24 伊藤大介　撮影：島崎ろでぃ

伊藤の渇きとは何だったのだろう。伊藤が語ったことは、幼少期の貧困の記憶。語り尽くせないほどの母親の苦労。会えなかった父親。自らに課している際限のないほどの父親・夫としての責任。子供の頃の伊藤が、会えなかった父親にして欲しかったことを、なにもかも家族に与えようとしたのだろうか。幸せとは何なのか、幸せな家族とは何なのか、それを知る機会がなくてもがいたのか。そしてあの頃、誰がそれを分かっていたのか。それより、私にはわかっているのか？

外は未だ雨が降っていた。めったに飲んだことのない高級なフレッシュオレンジジュースの氷が溶け始めて、グラスが結露していた。いくらお金を稼いでも、昔夢に見たようにお金を稼いでいても、全然幸せではなくて、そんな無常感をもっている時に東日本大震災があった。

あれを見たときに、本当にパラダイムシフトというか、価値観が転換したんですね。持ってるもんなんてほんとに一瞬でなくなっちゃう。そういう時に一番大切なのは家族だったり人だったりするわけで。あの震災の映像を見たときに震える思いというか、目が開いたというか、そんな気持ちで、そんな感じで、わりとすぐに被災地に寄付したり、物資を送ったりしていた。被災地にも行きました。

そんな状況で、「特に原発事故が起きて本当に深刻だなと、原子力だめだよね」という気持ちが強くなった。そこで伊藤は、被災地支援をしながら、機械を買って身の回りの物を線量測定しはじめた。放射線量の無料測定を提供する活動もしていた。同時に、反原発運動もしなければいけないと思っていた。二〇一一年四月三〇日に代々木公園出発で行われた、TwitNoNukes（ＴＮＮ）の最初のデモがあった。伊藤はそれに参加した。官邸前抗議にも、官邸前に移る前の、経産省前抗議から参加していた。地元では、「さよなら原発ひらつかウォーク」を毎年実施している。

官邸前抗議に妨害に来ていたので、在特会のことは前から知っていたという。ネット上で差別的な言動を繰り返す人物がいれば、常に抗議していた。旅行で頻繁に韓国に行くことが多くて、自分の体感と日本で言われてることのあまりの大きな違いを感じていた。日韓ワールドカップは、いわゆる嫌韓ブームの一つのきっかけとされる。その時、韓国は日本を良く思っていないなどの風評があった。しかし、伊藤はその頃韓国に行ってサッカーの試合を観戦していた。「韓国人に混じって、日本を応援していたけれども何の問題もなかった。周りで文句言ってくる人なんか一人もいなかった。まぁお互い頑張ろうよと」。そんな声をかけられることはあっても、日本で言われているような空気はまったくなかった。そういうところから排外主義には違和感を感じていた。そう思っていたところで、しばき隊募集のツイートを見た。「原発と同じぐらい許せないと思っていたので、それは素晴らしいと思い参加した」

在特会は、例年広島の原爆記念日八月六日に、あろうことか広島市で「核武装推進デモ」を行っている。「核武装してシナ・朝鮮から日本を守る」「血税にたかる被爆利権者を叩き出せ」と叫んでいる（安田、二〇一二、二二九頁）。二〇一三年八月には、このデモに抗議をするため、伊藤は、東京から広島に行くバスをチャーターしその費用を全額支払った。その他陰ながら投じている私財は、莫大な額になる。何故か？

みんなそれぞれ得意な分野で、自分がやれることをやっていたと思うんですね。かなり疲弊しながら、皆自分が得意なこととか求められることとか、最大限やっていたと思う

最初の一年、つまり二〇一三年は、ヘイト・スピーチの弊害に対する認識も充分に広がっていかず、イベント・活動の資金を集めることも簡単ではなかった。「私は私のできることを、特に最初の一年は目一杯やっていました」

伊藤の活動歴の中で顕著なこととして、後に詳しく述べる男組組長の高橋直樹が、在特会の様子を見にデモに参加していた時に、説得してカウンター行動に引き入れたということがある。どんな出会いであったのか。

私ができることというのはいくつかあると思うんです。一つには、ある程度経済力があるのでお金の面でバックアップができる。それと、強い口調で人を説得するというのは割と得意なほうなのです。

つまり、対人交渉能力が高い。「差別デモに対する時などは、こんなやつらは全然大したことはないんだよ」ということを知らせるのが自分の役割だと思っていたという。初めはヘイトデモ側の方が人数が多くて、なかなか太刀打ちできなかった。「本当はこんなやつら何にもできないんだよ、ということを知らせること」によってカウンターの人数を増やそうと思っていた。

そんなことが得意だったので、高橋の前にも、伊藤は色々な人物と路上で直接会い、「自宅に行っ

たり、会社に行ったりして説得をする」ということを常にやっていたのである。「それなりに話せる人物であれば、誠心誠意話しますし、全く話がわからなければ頭ごなしに叱ります。まずはとにかく現場に来ないようになること、そこで改心してくれれば一番いいのだが、改心しないまでも、怖くて現場に来なくなるだけでも充分だな」と考えていた。そんな話の一環で伊藤は高橋に会った。「高橋さんは話ができる相手だと思った。私がやってきた活動の中で、高橋さんがカウンターに加わってくれたというのはすごく大きいと思う」

伊藤は、レイシストに対する裁判を二件抱えている。何故裁判なのか？

「一年目はとにかく相手を削ること、相手を削ってこんなやつらは大したことはないということを世の中に知らしめようと思った」。二年目になってある程度デモの数が減ってきたが、それ以上は削れないと思えた。社会に向けて「こんなのダメだよね」と社会全体が目を向けるような仕事が必要になってくると考えた。実は、しばき隊の時から相談しており、二回目のカウンターの後、「このカウンターを永遠にやっているわけにはいかないし、デモはゼロにはならないだろう。ならばどうしたら良いのか？」ということを話し合った。訴訟となると実名が知られてしまう。誰でもできることではない。「私は最初から、実名で、会社の住所も知られていることなので、これもやはり私ができることなのかなと思った」

ツイッター社へ誹謗中傷者のＩＰアドレスの開示請求をしたり、被害届を受理されなかったりなどを含めると、実は伊藤の抱えた訴訟は七件ぐらいある。しかし、なかなか解決に至らない。レイシストの中には、拾い電波やプロキシサーバを使って書き込んでくるものもいる。弁護士を通しツイッターや2ちゃんねるの開示請求をかけ、プロバイダーがわかっても書き込んだ本人にたどり着けないということを何度も経験している。

そういう点では、伊藤は司法の限界を感じている。しかし、その限界をはっきり示すことが、訴訟の意味だと思っている。例えば名誉毀損で勝訴しても、現行法では差別自体が裁かれない。

差別禁止基本法というのが、たとえ罰則がなくても理念法だけでも欲しいなと思っている。差別はダメだということをひとこと言ってくれれば、民事では戦える。

カウンターの中で人々は出会う。最後に出会いについて聞いた。三年以上もやっていると、当然在日コリアンとの付き合いも出てくる、と伊藤。好きな人もいれば好きじゃない人もいる。友達と呼べる関係にまでなった人もいる。友達が傷つけられることに対しては、より強い思いがある。「公には、我々の社会の問題だから我々が解決すべきなんだと常に言っているが、しかし本当の根っこには、傷ついてる人たちがいるから何とかしたい、という気持ちがあると思う。それを口にはしなくても」。伊藤は言う。同じ反原発運動していても、二通りの人がいる。自分が被害を受けたから原発に反対しているという人、苦しんでいる人がいるのは許せないという人。「どちらも正しいと思うんだけれど、反原発運動をしながら反差別運動にも入ってきた人は、苦しんでいる人がいるのは許せない、というタイプの人だったと思う」

最後に、と前置きして「社会運動している中で、最初に話していた渇きは変わりましたか?」と伊藤に尋ねた。

三・一一のあと、社会運動を始めたのと合わせて、家族との関係が変わったと思います。始める前は、生命保険を合計二億円まで用意しました。「私が死んだら家族に二億円入る」と思っていました。

しかし今は、たとえ闘病生活をしていても、お金があるよりも私が生きている方が家族にとって幸せなんじゃないかな、と思えるようになりました。

伊藤と話を終えてホテルを出た。雨はもう上がっていた。伊藤の方が私よりも十数歳年下だというのに、なんだか父親に会ったような気になっていた。

変化するカウンター

しばき隊が影のように行動する一方、二〇一三年の新大久保の街には、プラカードを掲げて佇む人が出始めた。当時社会人大学生だった木野寿紀が、しばき隊に入れなかった女性、しばき隊のやり方はできないが声を上げたい人々に向けて始めたものだった。神原元弁護士は、二〇一三年二月頃のプラカード隊は、本当に静かにプラカードを持って立っている人々だったと書いている。その後次第に数が増えていき、誰の指示もないのにレイシストに対して声を上げ抗議しながら並走するようになった。カウンター行動は徐々に多様化・多彩化していった。以下、神原から要約する。

三月三一日のカウンターは、きわめて多くのバリエーションがあった。横断幕を掲げる「ダンマク隊」、差別デモのコースを変更させ新大久保を差別デモから守るために署名を集める「署名隊」、差別デモが通過すること、カウンター阻止しようとしていることを通行人に示す「知らせ隊」などがいた。「仲良くしようぜ」「好きです新大久保」などと書かれた、赤いハート型の風船を通行人に配る人々もいた。私も三月三〇日は風船を配っていた。トラメガを持って大きな声で抗議する人々がいた。初めて行った私は、二月ごろの事情を知らず、「これが、カウンターかぁ」と思った。その日に至るまでに有田芳生参議院議員がヘイトデモに抗議する院内集会を開き、また神原元弁護士始め多くの弁護士がヘイトデモを防止するために奔走した。

六月一六日、デモ隊とカウンター同士の衝突で、それぞれ四名の逮捕者を出した。しかし六月三〇日、ヘイトデモ側も警察の指導でコースの変更を余儀なくされた。それでもカウンターは出発点である大久保公園周辺に「人間の鎖」を作り、デモの出発を阻止しようとした。

九月八日、再びヘイトデモが新大久保で行われた。この日、三・一一以後の社会運動にとって重要なことが起こった。カウンターは、この日職安通りの路上で座り込みを行い、文字通り身体でデモを止めようとした。「シットイン」である。

関係者によると、この時シットインを行うカウンターは、初めてのことに緊張していた。警察の勾留を覚悟し、有休を二日間とって臨む会社員、自宅に身分証明を置いて出た者、カウンターにとっても、初めてのシットインは特別なことだった。この日、逮捕者は出なかった。

シットインは、世界各国で用いられている、非暴力不服従の手法である。そこで人々は、日常と同じ肉体で、日常と同じ社会的立場で、若さと老いと病いと、弱さと強さを負ったまま、一つの身体として座り込む。目標は一つ、レイシストのデモをとめることだった。三・一一以後の社会運動にシッ

図25　新大久保シット・イン　撮影：島崎ろでぃ 2013.9.8

トインという手法が増えた。

おもちがカウンターに初めて行ったのは、六月三〇日だった。五月一九日、六月一六日のカウンター行動では、レイシスト、カウンター双方に逮捕者を出した。「私はその前からガンガン行きたいって言っていたが、お父さんがダメだと言っていた。危ないから」。だが六月三〇日にまたヘイトデモがあると聞いて、おもちは、怒りでいてもたってもいられなくなった。「お父さんと一緒に行こうということになっていたけど、当日どうしてもお父さんは仕事が忙しくて行けなかった」。父は、今回はやめようと言ったが、おもちは言うことを聞かなかった。「ひとりで行っちゃった」。前の晩、おもちはこうツイートしている。「やっぱり一人で東京は緊張するよ（二〇一三年六月二九日深夜）」

プラカ隊の木野寿紀は、Kポペンとコンタクトがあったので知っていた。鈍行に乗って、なんとかひとりで新大久保に行った。署名を集めていた大人に勇気を出して声をかけて、木野さんいますか、と聞いた。連れて行ってもらって木野に会ったが、そこは結構激しいところだった。なんとなく頼りになりそうな大人の人の近くにいたら、ヘイトデモが出てくる出口のところだった。おもちは、前述のデモ阻止のための「人間の鎖」に遭遇したのだった。カウンターと警察の間でもみくちゃになって、おもちは号泣した。カウンター終了後、おもちは韓国料理「大使館」に連れて行ってもらった。カウンターは、焼肉をつつき酒を飲んで疲れを癒やしていた。「あー、おとなの世界だぁ」とおもちは思った。

私もツイッターで読んで、当時のことを覚えている。カウンターに女子高生が来たと言って大騒ぎになっていた。最近は高校生の社会運動グループが活躍しているが、当時はそれどころか、SEALDsの前身、特定秘密保護法に反対するための集団SASPLさえも、まだ勉強会を始めたというような状態だった。

大学生になったおもちと、当時のことを振り返った。

今でもあの時すごかったなって思う。あの時感じた悔しさ、全身の血が沸騰するような悔しさと怒り、今でも忘れられない。

おもちと初めて会ったのは実はこのカウンターよりもしばらく後なのだが、一三年当時はまだ新大久保は騒乱状態で、それでおもちに数回、行くのをやめたほうがいいと言った。もちろん、おもちは「言うこときくよなやつ」じゃなかった。「うっとおしいじじいだと思った?」と、私はおもちに聞いた。「まあ、多少」とおもちは礼儀正しく肯定した。「その時は『あたしだって大人だもん』みたいな感じだった。まだ年は一六だけど、これだけ社会のことと向き合ってるんだから、抗議行ったっていいじゃん、みたいな」とおもち。「何がいけないの？　路上で声を上げるのが、て感じで。でも確かにほんとに危なかったと思う。今あの状況で、一六歳の妹が行くと言ったら、私も止める。なんか女子高校生なんて一人しかいなかったから、結構みんなから持ち上げられてしまっていた。それで田村さんが、パターナリズムみたいな感じで心配してくださったんだと思います」。パ、パターナリズム…。実際には、カウンターの現場では、多くの大人たちがおもちをケアしていた。特に、麻生せりなやこれから紹介する中村美和は、時として現場でつきっきりだった。おもちの一七歳の誕生日には、前述の伊藤大介ほか多くのカウンターが集まった。

二〇一六年から一八歳が選挙権を持つ。高校生の社会運動も増えるだろう。日本には未だフランスのようなデモ文化的土壌はできていない。社会はどう対応するのか。

おもちの高校の時の友だちに話がもどった。おもちにとっては大事な出会いだった。「民主党政権が、高校を無償にしたことが大きくて、そうでなかったら、私は高校であの子たちには会えなかった。政治って本当に大きいと思う。でもその人たちが、声を上げ続けられるかというとそれは大変だから、一緒に声を上げていくってことがすごく大事だと思う」と、おもちが言った。「一番辛い人は、声を上げること自体が傷になったり二次被害になったりもする。「どんな立場の人間でも発言できないと世の中変わらないよね」と答えると、「ほんとですよね、ライスおかわりもらってもいいですか？」とおもちは答えた。韓国民主化闘争の詩人・金芝河の詩（うた）うように、「飯は天である」。

飯が天です　天を独りでは支えられぬように　飯はたがいに分かち合って食べるもの
飯が天です　天の星をともに見るように　飯はみんなで一緒に食べるもの
飯が天です　飯が口に入るとき　天を体に迎えます
飯が天です　ああ飯は　みんながたがいに分かち食べるもの

一歩も引かない

男組は、前述のように複数立ち上がった反差別集団の一つである。個々に活動していた男たちが、二〇一三年六月二九日、高橋直輝を組長として、男組として始動した。二〇一五年三月、男組は一旦解散したが、翌年四月再結成した。二〇一六年、男組再結成間近の三月下旬、新宿で高橋と話ができた。数回同席したことはあったが、じっくり話を聞くのは初めてだった。男組という名前からして、まるっきりマッチョである。一般的に、市民運動グループがつけそうにない名前である。YouTubeにあがっている動画などを、ちょっと検索してみると、レイシストたちに対して、大変強い態度で説得に当たっている。男組総本部ツイッターアイコン、ぱっと見て怖い。そして、関西男組は阪神ファンだ。

高橋から連絡が入って、一〇分ほど遅れるという。「仕事が遅くなりました」ということだった。「ああ、すいません、遅くなっちゃって」と少し息を切らしながら高橋が来た。

図26　男組総本部 Twitter アイコン

図27　関西男組 Twitter アイコン

名前の由来は、なんなのか聞いてみた。「最初は、右翼であった山口祐二郎らに高橋組を結成しましょうよと言われたが、高橋組だと嫌だったので高橋組のコアメンバーが『男闘呼組にしようやないかい！』と。男闘呼組も嫌だったんですが、歳上の先輩が決めたことなので従いました」。ジャニーズと同じ。「それでツイッターで募集かけたら、ジャニーズファンからすごいメンションが飛んできた。それでもうなんか怖くなっちゃって。怖いじゃないですか、ジャニーズファン敵に回すと。それでまぁ男闘呼組と決めた先輩に相談して普通の男組にしときやということになりました」

高橋としては、本当はもっとかっこいい名前を、時間をかけて考えたかった、という。しかし、十分に考える時間がないうちに、残念ながら高橋ともう一人のメンバーが逮捕されてしまった。

もうメディアにもどこにも出ちゃったんで、じゃあもう名前変えなくていいねということで今日に至ります。

男組のアイコンの髑髏は、肌の色が違っても民族が違っても人間は髑髏になれば皆同じ、という意味だという。左側の刀は日本刀、右側の刀は韓国刀、日韓友好を表す。モノクロ印刷では表現できないが、男組のアイコンには、「男組」の文字の下に虹色のラインが入っている。LGBT差別を許さないという意味だ。新生男組は、女性メンバーも入れるという。「女性差別について、勉強したいと思ってるんですよ」

高橋は、伊藤大介との出会いでカウンターに入った。在特会のデモに行ったことがある高橋を、伊藤は誠心誠意説得した。お互いの自宅に行ってまで論争となった。「それこそ最初は大喧嘩になるんじゃないかと思うような激しい議論をしました。命がけの感じでした」。ところがちょうどそのとき小学校の下校時間で、子供たちが伊藤に挨拶をする。「あーこの人はそういう感じの、子供に慕われるような人なんだなと、ということがわかった」。伊藤からも、強い口調の説得から、少し態度が軟化して話し合いをしようと言ってきた。最初はしばき隊が何だか分からなくて、かなりぎこちない感じの応対をしていた。「やがてお互いの人柄が分かり、今では先輩として慕っています」。本当にいい出会い

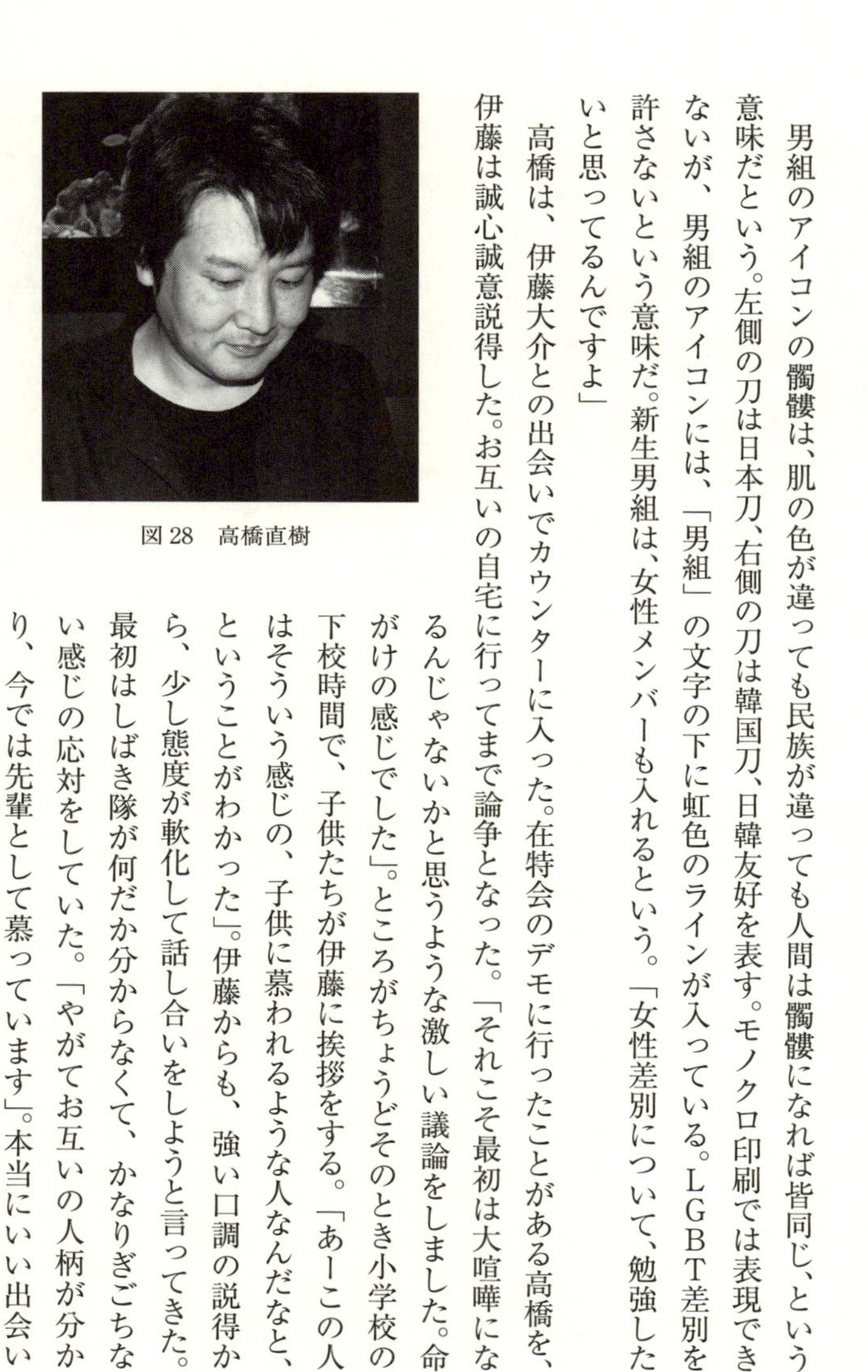

図 28　高橋直樹

でしたね、と私は相槌を打った。「ほんとにそうですね」

高橋は、一般に言う右翼なのだろうか？　尋ねてみた。「僕は今の思想は、右翼や左翼でもなく民族派です」。二〇一三年当時よりは、今はカウンターにくる人間は結構右派系が多くなったという。もっとも彼の中で、右左の分類というのは、皇室問題だけだと思っているとのこと。「リベラルな人たちも、今は今上陛下に対しては尊敬してる人も多くて、僕もうれしいです」

小さい頃から祖父に一般参賀に連れていかれた。だが子供の頃は全然わかっていなかったという。中学を終えると地元小平の暴走族に入って、日章旗とか旭日旗とかを単車にスプレーで書いていた。決定的に皇室とは何かを考えたのは、昭和天皇が崩御したときの立川駅前での出来事だった。高橋は、立川の暴走族をつぶしに行き、駅前で衝突していた。その矢先、右翼の街宣車が二台来て、「お前ら何やってんだ、この野郎！と怒られまして…」。天皇陛下が崩御した日にお前ら何やってんだ、と街宣車で追いかけられた。当時高橋は一七歳だった。右翼ってなんだろうと思って、その後、自分なりに赤尾敏の本を読んだり、赤尾敏や野村秋介の演説を聞きに行っていた。

赤尾敏さんの演説がすごく面白かった。こういう人達が右翼っていうんだな、と思った。左翼っていう言葉は、知らなかったですよその頃は。

あさま山荘事件みたいなのが左翼なのかなぁと思っていたという。その頃は左翼のことを、勉強する気も全然なくて右翼に没頭していった。つまり、その時一七歳の小平の暴走族の青年に、信念と思想で迫ったのは右翼だった。

それにしても高橋に何かを求めるものがあったのだろうか。一七歳で赤尾の演説を聞きに行くというのは早熟である気がする。赤尾敏は自分は左翼だと言っていたという。「大事なのは、国民あるいはこの国に住む全ての人が幸せに暮らせるということですよね。だから差別もあっちゃいけないし」と高橋。

差別だけは絶対、何があっても許さない。

何か差別に関して感じる経験があったのか？ 高橋は小平に住んでいたので、朝鮮学校があった。「中学の時よく朝鮮学校にはしめられていた」という。「数がすごくて、毎回袋だたきでした。中学の時は前歯四本やられたことがありますね。タイマンはれば絶対負けないぞっていう気持ちはありましたけど、それは通じないんで」。それが何故？「中学校が終わると、暴走族に入る、すると、朝鮮学校の悪い奴も同じ暴走族にいる。そうすると、僕としては在日というよりも、一緒に単車を転がしたやつ」。二〇〇八年と二〇一一年、小平の朝鮮学校に対して在特会がヘイト街宣をかけたことがある。「俺はカウンター行きませんでしたけど、ほんとに悔しいですね。絶対許さないと思った」

男組は、民族派右翼や街宣右翼が在特会を支持しないように説得を重ねている。二〇一三年七月には、千葉にある日本國神党の事務所を訪れ、在特会への不支持を依頼した。民族派右翼と在特会の接近が非常に危惧されていた。最初は、話し合いといっても大変厳しい感じだった。國神党にはカウンターが極左だという誤解があったらしく、男組も國神党が在特会を支持していると考えていた。一緒に行った作家山口祐二郎が早速強い口調で説得を始めた。「民族派たるものがなぜ民族差別をするのか」

説得は一時間に及んだ。「向こうもどんどん人数が増えてくるんですよ」と高橋。「これはひょっとしたら大変なことになるかもしれないなぁ」と覚悟していた。その後になって知ったのだが、伊藤も國神党の事務所の近くに待機して、見守っていたとのことである。一人じゃないよ、ということだった。「すごく嬉しかったですね」

男組結成当時、高橋は、「逮捕上等、あんな奴らは、ぶっとばせばすぐにびびってやめるだろう」と思っていた。しかしそうはいかない。「やはり逮捕されてしまうと不利になるということがわかってきました」と高橋。その後は完全非暴力で全国を説得して歩いている。「どうしても逮捕となると、一般人の人から見ると、テレビにも出ましたが、どっちもどっちじゃないかという見方が増えてくる」。無抵抗で殴られて、相手を逮捕させるという方向に切替えた。二〇一六年三月二〇日、川崎でカウンター活動を行っていた男組メンバーが、全く無抵抗で暴行を受けるという事件があった。この件は、参議院のヘイト・スピーチ規制法に関する法務委員会でも取り上げられた。「そういう中で、左翼の人々にもやっと理解されてきたかなと思います」

「既成事実を作っていくのは俺たちだ」と高橋は言う。「ＣＲＡＣが、マルチな活動しているので、僕たちは路上でリアルでレイシストを潰すという点に集中したいと思っている」。相手が在特会でも、街宣右翼でも、男組は一歩も引かない。そういう活動をしていると、リアルでもネットでも様々な攻撃を受ける。「僕たちが受けるものなんて、僕たちがカウンターに行っても、『おい高橋こら！』と罵声で済む。そうやっている間は、あいつらはヘイト・スピーチをしなくなる。それが目的ですよね」

街宣右翼を時間をかけて説得している裏話とか、右翼としての辺野古基地建設反対とか、夜が更けても話が尽きず、河岸をかえて男組が溜まり場にしている店に向かった。「短距離だからいいよ」というのに、高橋は杖を付いている私のためにタクシーを止め、「私が出しますから」と乗り込んだ。店は二階にあったので、階段を上る時は高橋が後に、階段を降りるときには前に付いていてくれた。二軒目だったので、カニ味噌やもろきゅうで、レモンサワーを飲んだ。

この不景気に、だれも仕事は楽ではない。高橋も相当苦労しているようだ。夜も更けて、そろそろ帰ろうという時に、「田村さん、レイシストや似非右翼と対峙するのは平気だけど、不景気はきついですね」。そう言って笑った。

僕らはすでに一緒に生きている

二〇一三年、レイシストへの抗議ではない「平等」を謳う大きなイベントが二つ行われた。七月一四日に大阪で行われた「OSAKA AGAINST RACISM 仲良くしようぜパレード」と、九月二二日に東京で行われた「差別撤廃　東京大行進」である。東京大行進は、三〇〇〇人の市民を集めて「ヘイト・スピーチ反対」を訴えるデモとして行われた（神原、二〇一四、三五頁）。

東京大行進には、おもちも参加し、横断幕を持った。大阪のライター李信恵が、チョゴリを着て参加しスピーチをした。私も参加したが、三月三一日のカウンターの帰りに、転倒して頭を強く打ち

図 29　東京大行進　2013.9.22　撮影：島崎ろでぃ

持病の頸椎ヘルニアが悪化して、長い距離を歩けない状態だった。実行委員会が、車椅子を手配してくれるというアナウンスをしていたので、臨時に車椅子を借りることにして、息子に押してもらって参加した。

　東京大行進は、民族差別だけでなくすべての差別に反対するパレードになっていて、そこには、ＨＩＶ陽性者がいまだカミングアウトが難しい中でその可視化とリアリティを進めるLIVING TOGETHER計画も参加していた。"We Are Already Living Together"と書いた大きな横断幕を張ったフロートに、ドラァグクイーンが乗っていた。すごく柔らかくて、すごく美しかった。そして、「僕らはすでに一緒に生きている」というメッセージが心に染みた。

　翌日、私はこんなツイートをしている。息子もすごく嬉しそうだった。

> 昨日は息子がドラァグクイーンの方へ行こう

図 30　東京大行進　LIVING TOGETHER
計画フロート　撮影：@merijoyce

か、といってもっと近くに車椅子を持って行ってくれた。すごく柔らかい雰囲気が満ちていて、LOVEがいっぱいだった。人間がLOVEそのものだったりはしないんだけど、LOVEを表現できるし、しようとすることがすごいんだ。(二〇一三年九月二三日)

その夜は、新大久保の韓国料理店「大使館」で参加者の打ち上げが行われた。会場内のテレビに写し出されたNHKの七時のニュースでは、東京大行進のことが報じられ、その日あった日韓交流イベントでビビンパを混ぜるシーンでは、「混ぜろ、混ぜろ、パップ、パップ」と声を上げた(李、二〇一五、六八頁)。李信恵は、「在日も日本人も、LGBTも、関東も関西も、みんなが混ざりあった夜だった」と書いている。

二〇一六年になって、この時東京大行進のスタッフであった張由紀夫に新大久保で会った。張の案内で、焼肉屋に行った。張はしばき隊に参加していて、そこは当時大声を上げて商店街に迷惑かけているからと、みんなで食べに行った焼肉屋の一つだった。張は背が高くて歩幅も広いので、時々私の方を向いては、歩くのが速すぎないですか、と声をかけた。

LIVING TOGETHER 計画を企画推進していた張が、どうして民族差別に反対しているのか？

当たり前ですよ、当たり前のことやってるだけだから。ゲイだからゲイの人権のことだけやってればいいわけじゃないから。

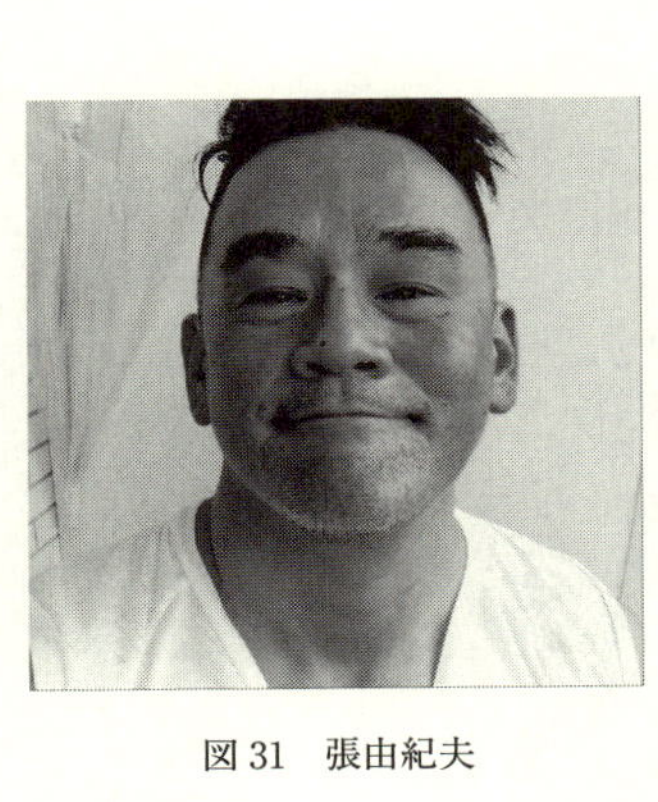
図31　張由紀夫

一つの属性が、全人格を覆い尽くすと考えることを差別と言う。在日コリアンだからこうだ、同性愛者だからこうだ，という属性や境遇の人格への埋め込みは，人格へのいわれなき評価を可能にする。そこでは自分が自分であることをコントロールできない（芦川、二〇〇〇、一四〇頁）。

張は、九〇年代初頭に親しかったゲイのアーティストからＨＩＶに感染していることを告げられたことから活動に参加することになった。まだ治療法がほとんどなく、世界中で命を落とす人間の多い時代だった。しかし、何を考えるのにも、まず差別が問題だった。ＨＩＶ陽性者は、未だに差別されている。「たとえば東京などの大都市ではないけども、地方都市レベルや町や村ではいまだに診療拒否があるのです」

と張は言う。普段は差別をしないと言っている人でも、喧嘩をしたら「私の子供にＡＩＤＳ移さないでね」と言われてしまったことがある。「僕はＨＩＶに感染していないけれども、いまだにゲイ＝ＨＩＶという印象がある。その人はすごくリベラルな人で、例えば安保関連法に反対するようなリベラルなのに、すぐそういうことになってしまう」。したがって、差別をなくすためにも予防のためにも、「たとえばツイッターのタイムラインの中にも、隣のテーブルにも、ＨＩＶを持っている人が一緒に生きているってことを知らせるのがとても大事だなと思った。そういうベースがあって初めて差別や予防や支援を訴えて行くことができるのではないか？」そこで、ぷれいす東京という陽性者の支援団体とともにLIVING TOGETHER計画というよびかけ団体を二〇〇四年ぐらいから始めた。

We Are Already Living Together.「私たちはすでに一緒に生きている」は「一緒に生きよう」という呼びかけとは大きく違う、と張は言う。一緒に生きようと思っても思わなくても、既に一緒に生きている。「一緒に生きよう、じゃ嫌だと思ったけど、すでに一緒に生きていると言われたら、もうぐうの音も出ないよ」と、のちに保守的な思想を持つことがわかった人に言われたという。しかし、それは容易な道ではなかった。声を上げる当事者が少ない状況がもどかしかった。

一部の人々ばかりが矢面に立ち、一方でネットには陰口ばかりが横行する。そういったことがすごくしんどいなと思っていたところに、二〇一一年を迎えた。そして、張はＴＮＮに参加する。ただ原発に反対しとかなくちゃという気持ちで参加したデモに、気づけば何人ものゲイの参加者がいることに気づいた。凄く新鮮な感覚だった。ためらいの末に声を上げることを選ぶゲイの人もこ

図 32　Living Together in Okubo「凡どどラジオ辞典」から。
撮影：松沢呉一

んなにいるんだ！と思った。デモに参加していたＤＪ ＴＡＳＡＫＡが声をかけてきた。「ゲイの人が普通にしれっと隠すこともなく歩いている。そのことがこのデモをとても柔らかい感じにしているね」「これこそがあるべき『ふつうの社会』の姿なんじゃないかと思った」と、張。「ゲイもいるしノンケもいるし、セックスワーカーもいるし、金を持ってる人もそうじゃない人もいる。そうした人たちが、原発ダメでしょっていう一点で集まって、普通に歩いてる。まともだなと思った」

　そのベースがあってのしばき隊だった。「昔ＨＩＶのことをやっていた頃の友達とかに、在特会がこんなことやってんだよ」と話をした。そうしたら、「それはひどいね。僕らは一緒に走りまわるのはちょっとしんどいから黙ってプラカード持って立っていることにするよ」って。それで一〇人ぐらいメンバーを集めた。その人たちの中には、LIVING TOGETHER計画を一緒に考え出した人たちもいた。その人たちが率先して、これを「Living Together in Okubo」というプロジェクトにした。プラカードを作って黙って立ち、在特会を睨み付けていた。

二〇一三年四月、張は、東京レインボープライドパレード2013のフロートに、ドラァグクイーンとして乗ってくれと言われた。最初は断った。しかし、パレードのその部分は、"All Human Mix"というタイトルで、あらゆる人種と、民族、セクシャリティの人々がミックスで歩くというのを聞き、「それなら面白いな」と思って出ることにした。何を着てもいいと言うのでTNNのメンバーが作った「差別者に小便をひっかけてる子供」のデザインのシャツを着て行く、ということをツイートした。そのメンバーがパレードの前日、次のようなツイートをしている。

一緒にデモをやり始めた人がカミングアウトしたり、僕とハードコアパンクのシーンを通じて繋がりがあった人も、張さんのイベントで、カミングアウトをした。彼もいつも反原発デモに足を運んできた人だった。今、その三人と、反レイシストのカウンター行動もやっている。日曜日、その張由紀夫さんがレインボーパレードに出る。僕も一緒に歩こうと思う。張さんは僕のデザインした反レイシズムのプラカードをTシャツにして、着るという。凄く楽しみにしている。反原発運動や反レイシズム運動で繋がった皆さんも、一緒に歩きませんか？
（二〇一三年四月二七日）

当日、カウンターや反原発デモで出会ってきた人たちが、五〇人ぐらい来た。一緒に歩いた。張は言う。「すごい嬉しかったですね。原発のこと一緒にとか、レイシズムのこと一緒に戦ってきた人がパレードに出ると言うから、じゃあ応援行かなきゃと言って来てくれる」。一人のレイシストカウンターであり、反原発デモ参加者でもある男は泣いていた。「二〇一一年から毎日Ｎｏ！Ｎｏ！Ｎｏ！と言いっ放しだった。今日だけは『イエス』と言えるのがすごいうれしい」と言って泣いていた。その日、張はこんなツイートをした。

All Human Mix のフロートは一番早く埋まってしまったらしい。はっきりした理由はわからないけど、「ＬＧＢＴ」じゃない参加者もたくさんいたんだと思う。それって考えてみるとすごく大事な答えが隠れてる気がする。（二〇一三年四月二八日）

その年に東京大行進があった。当初は、主に在日コリアンへの民族差別に対する行進として企画されたが、あらゆる差別に反対してお互いの存在を祝う行進にした方がいいと決まった。その時に、ＬＧＢＴのことも入れたほうがいいとか、ＨＩＶのイシューも入れたいとか、自然の流れであのフロートができたという。「わざわざ僕が言わなくても、既にみんな一緒に生きているということがわかっていた感じだった」

焼肉屋を出て、コーヒーを飲もうと街を歩いた。ふと、気が付くとあの時の「大使館」はカフェになっていた。中に入って、コーヒーを頼み、タルトを二人で食べた。「思ったことをぱっとやるというのが大事だ」と思うんですよ、と張は言う。これがおかしいと思ったら、それに声を上げる。東京レインボープライドパレードの前日深夜、張はこんなツイートをしている。

「これはおかしいだろう」と思ったときに路上に出て、声と表情とその姿をもって意思を示すことの途方もない大事さをこの二年間、身をもって学んだ。明日はそんな路上で出会って来た人達とも歩けるのがうれしい。祝福すべき互いの性的志向の違いを嘲笑う何者かに、おかしいだろって気持ちを示す。

二〇一四年から一五年にかけてLGBT関連の抗議行動があった。二〇一四年二月ロシア大使館前「反同性愛法」抗議、六月ウガンダ大使館前「反同性愛法」抗議、二〇一五年三月、頑張れ日本！という団体が渋谷区「同性パートナーシップ条例」に反対街宣を行った際のカウンター行動などであった。これらの抗議で、私は「わざわざ言わなくてもわかっていたカウンターの人々に」いつも出くわした。ロシア大使館前では、警官に「お前に何の関係があるんだ」と言われた男組の松本英一が、火のようにくってかかった。のりこえネット共同代表の辛淑玉は、私の肩に虹色の旗をかけ、手を引いて正義を求めるシュプレヒコールをしていた。“What do we want? —justice! When do we want it? — now!” 急な英語は口が回らなかった。どしゃぶりのウガンダ大使館前抗議では、市街地のため皆黙して立ち尽くした。民主化推進団体TOKYO DEMOCRACY CREWの高橋若木が、急遽一〇分でiPad miniで英語の抗議文を作り、コンビニのネットプリントで印刷して大使に向けて投函した。渋谷のカウンターではECDがコールしていた。竹内美保のドラムが響いた。小塚類子が憂い気なまなざしで立っていた。そして私はいつも、誰が主催者なのかちっともわかっていなかった。

張がLIVING TOGETHERについて付け加えた。「野間さんが言ってたけど、LIVING TOGETHERっていうのは、在特会とも、すでに安倍晋三とも一緒に生きているっていうことなんですよ。そして、だからこそ奴らをしばく。一緒に生きているから向かい合う。彼らは別の世界から来たゾンビとかエイリアンじゃない。一緒に生きてるから、追い詰める、罵倒する」。カウンターはしつこい。あきらめない。他者化しない。怒っている。どぶをさらう。同じ地べたに立ち続ける。
帰り際、新大久保駅に向かう通り道、僕は新大久保に住みたいですねと張が言った。「この街には本当にいろんな人がいて、百色のクレヨンをひっくり返したようです。僕はそういう街が好きだ」

差別反対東京アクション

東京都庁前では、二〇一三年一〇月一五日から、毎週月曜日東京都に対して、ヘイト・スピーチの行政的な対応を迫る「差別反対 東京アクション」が始まっていた。立っていればいいだけの抗議活動は、私に向いていた。最初の抗議活動は、男組の主催で、暴風雨の中行われた。やがて主催は、差別反対東京アクションに移っていった。レイシストに抗議するというカウンターではなく、定期的な対行政要求の場所として、なぜ差別が悪いのかというそれぞれのスピーチを語る場であった。法政大学教授中沢けいや、のりこえネット共同代表辛淑玉、都知事候補だった宇都宮健児も来てスピーチした。マーケティングディレクターの金正則は、常連の参加者で在日コリアンとしての立場を表明しつづけた。東京都に対して行政対応を要求するのが目的の行動だったが、同時に差別に関

図 33　差別反対都庁前アクション　2013.11.11　撮影：島崎ろでぃ

する政策的問題点、在日コリアンやLGBT当事者の意見、直近のカウンター行動の報告などを聞き、話し、反差別の理論を路上で彫琢する場所だった。

一一月一一日、遅れて行った私が近づくと、「憎悪の連鎖は何も解決しない」という段幕に人だかりができていた。「結構集まっている」と思ったが、見ると警官隊の山だった。虹色のニットキャップを被った、たった一人の司会の女性を警官隊が何重にも取り囲んでいた。その中で彼女は、一人でスピーチを続けていた。風が冷たかった。どれほどの圧迫感を感じていたことか、想像することもできない。スピーチを代わろうと近づいた。警官の壁に遮られて近づくことができない。押し分けて入ったが、あと五人、あと三人で手が届かない。「言論の自由を妨害するな」と進もうとしたが、うかつに警官隊に触れると公務執行妨害になりかねない。それはマイナスでしかなかった。その時に突然、「これを強制排除するなんて、絶対できないからね！」という鋭い声が飛んだ。振り向くと、フリー編集者の野間易通が、私服刑事に対峙していた。周りを取り囲んだ警官が、砂が流れるように引いていった。リーガル・警備班の交渉が功を奏したのだ。五野井郁夫の聞き取り調査で、歩道の抗議行動は合法という見解が出ていても、現場はいつもギリギリの交渉の中にある。現場を裁く、修羅場をしのぐ。怪我を出さず逮捕を出さず、日常茶飯事のように抗議を続けることを可能にする。その瞬間を目撃した。

スピーチに立った参加者の女性が、話しながら泣いていた。司会の女性が支えていた。頬で涙が凍るほどの寒さの中で、涙は止まることがなかった。そして現場には、もっとたくさんの人々の見えない涙が流れているように見えた。彼らがなぜそこにいるのかという理由が、立ち会っている警官の中にさえ浸透していくように思えた。勤め帰りの青年がスピーチを始めた。自分たちが普通に暮らす市民でしかないこと、その市民が行動せずには居られなかったこと、親を殺す、親を犯すと言われたに等しい在日コリアンの子どもが、「もう慣れた」と彼に告げたこと。そう言わせてしまうこと。淡々とした語り口が、警官隊と抗議者との緊張を少し緩めた。一人の市民としての声が、聞く人々の心をとらえたのが見えた。それは彼らの目的とその方法とを告げていた。何かを倒すためではなく、街角の少年の声のために、人々の態度を変えようとしていた。

警官隊にぐるぐる巻きにされていた女性は誰で何故そこにいたのか？　「クィアなフェミニスト」中村美和に話を聞いた。中村は、出生時に割り当てられた女性・男性の性別のいずれでもないという性別の立場をとるいわゆるXジェンダー（X-gender）である。更に、これには「どちらでもない」場合と「どちらでもある」場合とがあり、中村は「どちらでもない」方である。中村はアメリカで育ち、小学生の時は自分はアメリカ国民だという自覚があった。

　アメリカに住んでいた時に、アジア系が極端に少ない地域だったので、差別を実感した。「サンアントニオという小さな町の大学にいたので、五〇〇〇人程度の学生だったが、その中でアジア系は手で数えられる程度だった」。日本に来て教師になった。以前教えていた学校の近くに朝鮮学校があって、そこの卒業生が入ってきたり、様々なエスニシティ生徒が入っていた。実務の中で、外国籍の生徒の生活の困難ということを知っていた。

　しばき隊のことは最初知らなかったが、ヘイトデモのことを聞きつけて、プラカードを持って立った。休職開けでお金がなかったので、段ボールに口紅で"NO RACISM"と書いて、サランラップを巻いてカウンターに参加した。天気が悪かった。柏木公園入り口でヘイトデモを待っていて出てきたら、出てきた参加者につかみかかられそうになり、機動隊が間際で止めるということがあった。本当に許せない。しかも、半年後に秋葉原で実際に暴行を受けた。

図34　中村美和

　中村は、カウンターでのセクシズムやマスキュリニティ（覇権的男性性）について、二面的な対応をしてきた。カウンター内部からのセクシズム発言については批判的に議論をしてきた。緊張した現場では、レイシストの女性に対して、侮蔑的なことを言うというケースが、以前はみられた。「ある差別に、反対するのに、同時に別の差別をしてしまうことは良くない。私の中では、今のレイシズムカウンターもフェミニズムも同じ活動だと考えている」と中村。構造的な差別をいかにして打ち破るのか、という問いを立てているという。

他方で、例えば、男組のマッチョな感じが、外部のフェミニストから批判を受けることがある。中村は男組ではないが、設立時の公式サイトに写真が掲載されている。「私は最初すごく叩かれたんですよ。男組に肩入れしてるということで」

他方で、高橋とは二回ほどセクシズムについて話をしているという。「高橋さんは、なんというか、勘が良くてすぐに分かってくれました」。男組は、名前もマッチョだし、アイコンもそうだが、メンバーの中にはＬＧＢＴもいる。「そういう人たちが、それで肩身の狭い思いをすることが全然ないんですよ」と。男組のアイコンにレインボーが入っているのは、中村が勧めたわけではないのだが、内部の会議で提案した人がいるようだ。そういうところが柔軟だという。「そういうときに、高橋さんが、入れちゃえば、とかあったらいいねと簡単に言ってくれる」

フェミニストであることで、カウンター内から批判を受けることもあるし、フェミニストからは、マスキュリニティーに加担していると言われる。カウンター外のフェミニストからの批判に対しては、批判するのは良いのだけれども、カウンターの現場を知っているのかと反問したい、という。「現場を経験して、なおかつ批判があるならば議論したい、という位の気持ちでいました。二〇一三年当時、現場はすごく緊張していました」。セクシズム的な発言を別にしても、男組などの圧力を使ってレイシズムを圧倒すること自体が批判されたことがあった。しかし、一見してわかる行動様式やアイコンだけではわからない部分がある。そういう点では、女性のメンバーもいることや、自分がサポーターとしていることを表明することによって言論戦を有利に展開したいと考えた。

中村は現在のレイシズムについて、インターセクショナリティーの観点から考える必要があるという。インターセクショナリティーとは、社会に存在する様々な差別(性、人種、宗教、国籍、階級)をそれぞれ独立した問題として個々に捉えるのではなく、同時的に交差し合うものとして考える理論である。適切な日本語訳が未だないようだ。「大阪のライター李信恵は象徴的な存在」という。在日コリアンでしかも女性でという二重に差別される存在だ。マジョリティーの女性だけが得するようなフェミニズム運動はだめだし、在日の男性だけが救われるような反差別運動もおかしいと思う、と中村は言う。

カウンターに関わりだして、LGBTのことを知ったという人も多い。逆もある。自然とそういうものが混じってくる。特に今、差別する側はいわばインターセクショナルな状況で、在日も女性もLGBTも障害者もまとめて差別してくる。あらゆる差別とファシズムの混合体が訪れている。それに対抗するためには、インターセクショナルな反差別運動が必要だ。

従って、中村があえてフェミニストであることを掲げているのは、フェミニズムと反差別カウンターがリンクしていることを認識してほしいからだという。「私には発言力がないけれども」。バックラッシュ効果のおかげで、特に若い人の間でフェミニズムに悪い印象があると中村は言う。「自分ではフェミニストだと思っていないけれども、こちらから見るとそう。それはフェミニズムだと発信したい」。フェミニズムは、何かあったらディフェンスするという防御的反応に慣れてしまっている。バックラッシュが続いてそれが習慣になってしまっている、と振り返る。「もう一歩踏み込んで対策を打っていきたい」

ふっと力を抜く

カウンター活動を行う女性だけの集団がある。「差別反対 女組」である。路上のカウンター活動と同時に、カウンター活動やヘイトデモの実態を周知するための写真展を行った。女組とか、またちょっと怖そうである。どんな人がいるのか。指定された駅前に行くと、「お待たせしました、業者との打ち合わせが長引きまして」と、柔らかな声の女性が現れた。井川遥子（仮名）は、株式投資家で、神奈川県に三店舗を持つ実業家である。

以前から社会運動をされていたのですか？と聞くと、「私はネトサヨだったんです」。ネトサヨ!?　ネットで活動する排外主義的な人々をネトウヨというが、その左翼版のことらしい。2ちゃんねるができる前から、ネットに大量のテキストを書き込んで議論をしていたという。それでコネクションができて、女子大生の頃から雑誌のライターなどをやっていた。「2ちゃんねるでネトウヨと煽りあいをしたりするのは慣れています」

井川は「右翼の人は、基本、父権主義的なばか親父で、左翼の人はリベラルで素晴らしいという夢をずっと持っていた」が、社会運動に入ってみると全然そんなことはなかった。「左翼の父権主義的な人の方が、言葉がキレイなだけに対応が難しい。こっちが悪者にされてしまう」。ネット言論における発言は、全てが政治的行為である。学会のような、政治性を持たない単なる議論というものは存在しない、と考えた方が適当だろう。そのようなネットの世界を、井川は泳ぎ慣れている。「戦略抜きで、感情だけでツイッターなどで発言してしまう人がいるが、信じられない。仕事もそうだし政治も。意味がわかんない。ただ、それが七割方、人の自然な状態だろうと思います」。その辺も実業家なんですね、目的を設定して戦略を出す。「そう思いますね、社会運動とお店の作り方は同じです。実務遂行、実質的活動を遂行できることが大事です。左翼の人はみんな理念、理念ばっかりで」

反原発運動してましたよね？「原発に、賛成か反対かといえば反対です。大学の時、物理の授業とって、原発がどれほど非効率で、コストがくそ高くて、金儲けのためだけに作られたものかってことがよくわかりました」。井川にとっての問題は、原発事故が起きた後、福島差別が起きたことだった。「福島県から来た人に触れないとか、子供産めるかどうかとか言う。私から見るとそれはすごく醜い状態だった」

井川の知り合いの専門家も、「事故前は危険厨で、事故後は、安全厨になった」。その人は広島出身で、被曝差別の恐ろしさを知っていたからだと。危険厨、安全厨、ともにネット用語で、原発事故のリスクを評価する二つの態度をステレオタイプ化したものである。「どっちが正しいか簡単には言えないですけど、起きたらこういう事態が勃発するのわかってるんだから、だったら最初からやるなよ、と思う。原子力行政の問題じゃなくて、これは差別問題なんだって気がついたのが三・一一だった、私の場合」

つらいことは継続できないと思っている、井川は、反原発運動の時は、反原発のゆるいイメージキャラクター、もんじゅくんのお菓子を作って配ったり、反差別運動の時はさくらとムクゲのお菓子を作って配った。「継続しようと思ったら少しでも楽しいことをしないと」。みんながピリピリ、カンカン、緊張・興奮しているところで、ふっと力を抜いてみせるというのが井川の得意技である。「やっぱり最初は凄く怒りで始まるんだけど、ずっと続くと心が折れてしまうのでちょっと楽しいことがあってもいいと思う。すごく口悪いですけどね私（笑）」

図35　もんじゅくんクッキー

井川は、どこかで心が折れたことがあるのか。運動って心折れますよね？「折れますよね。皆基本的につらい人ばかりだし」。運動の中でグループに一人ぐらいは心を病んでしまう人が出ることが多い。「つまみ出すでもケアするでも、いいんだけど、そういうときに対処するっていうことが必要だと思います」。つまみ出すとは過激だが、つまり専門家に任せるという意味である。傷から生まれる運動で、もう一度傷ついてしまう。富永京子が、社会運動をやめた人にインタビューをしているが（富永、二〇一三）、燃えつきや人間関係は大きな原因である。「そこを割り切るのが、シングルイシューということでもありますね。目的だけ合っていればいい」

どうすればよいか。社会運動と店舗の経営は同じだと割り切るか、クッキーを焼いてふっと力を抜くか。イギリスで、アクティビスト・トラウマ・サポート（活動家のトラウマサポート）というグループが二〇一四年まで活動していた。アクティビスト・バーンアウトという英語を検索するとたくさんの活動や文書がヒットする。世界的に、アクティビストはトラウマを抱くことがある。実務の問題として、対策を考える必要があるのだろう。そういえばＳＥＡＬＤｓは、会議が煮詰まると、特定の曲をかけて全員で踊るらしい。

ところで、ツイッターのプロフィールに「極左のフェミで腐れ女子」と書いてありますが、どうしてですか？　「フェミと名乗ること自体が、社会運動だと思っている。そんなにフェミニズムの運動はしていないけど、『すべての人は平等』という程度のことだと思っている」。人が門地や性別によって差別されないという、憲法の条項のようなものだと思っていて、大上段に構えたものではない、という。図23で示した再分配の政治に近い。「男女同権といっても男が先に来る、すでに我々は男女差別を受けいれてしまう」、と。「日常の中で、『女はすぐに泣くからね』と言われたときに、『はぁ、おんなわぁぁ？』と瞬間的に言い返す反射神経が大事だ。五秒を過ぎたら自分が削られてしまう」。声を出す訓練である。

同時に、井川は、女性差別もあるが男性差別もあると考える。「私の家は結構男女差別が激しい家だったので、弟はずっと『男はちゃんとした企業で働いて稼くようであらねば』、という、あらねば幻想が強かった」。そして弟は引きこもりになった。井川の父親は、会社の社長で、なおかつ男尊女卑の人だった。「私は案外幸せじゃないと気づいてしまった。うちのママとか、全然幸せそうじゃなかった」。我慢をすることによって、人は自分の人生に復讐されてしまう。

今も民族差別問題にコミットしているのは、人が平等にあるということが大事だから？　「うん」。というのは自分の人生と関係がある？　「うん。頑張れば何とかなる人生とか、頑張れば報われる人生であるべきで、何人だとか、性別で可能性を否定されるべきではない」。井川は今、活動を休んでいて、日本を脱出する計画を立てている。日本を変えるよりは、自分が生き延びようか、と思っている。「日本は自由じゃない」。ふっと力を抜く。

自然体に生きる

差別反対東京アクションで、都庁に対してヘイトデモ対策の要求をしているときに、しばしばスピーチしている私と同年輩の在日の男性に出会った。男性は少しずつ自分の生い立ちなども話していた。言葉を交わすようになった。二〇一五年には、安保法制に関するデモや国会前抗議でも会うことがあった。

彼は金正則といった。マーケティングの会社を経営していて、『ツイッター社会進化論』（朝日新書）という著書もある。そこに二通り名前の読み方が書いてある。「きん・まさのり／キム・ジョンチ」。「この順番で名乗ることが多いです。会社に入った時は二番目の名前が使えなくて、いつか使いたいと思っていた」。ここ一〇年ぐらいでやっと使えるようになりました、と金。でも実は、韓国語の発音があんまり得意ではないので、電話ではきん・まさのりと言うことが多いとのことである。「父が名前をつけたときには、日本名のようにつけたんだと思います」

金さんは何世ですか？　「二世と三世の間ぐらいですね。祖父と祖母が日本に来ました。父は一五歳、母は八歳ぐらいでした」。この何世という言い方も、自分の意志で外国に移民した人を一世と呼ぶという習慣とのこと。「私の父は一五歳でしたから一世と言えるかもしれませんが、母は八歳だから、そうは言えないでしょう。私は、人の決めたことをそのままやるのが嫌なので（笑）。あんまり固く考えていません、便宜上二世ぐらいかなと思います」

そういう聞き方をすべきではなかったのだろうか？「そんなことはないですよ（笑）。在日同士でもよく聞きますよ。わかりやすいですからね。世代的には二世です」

金は、宮崎県で生まれた。一九五四年生まれ。私と大体同じ時代を生きていたことになる。親と同居してる時は名字を変えるのが難しかったので、家を離れたら変えようと思ったという。金だけが韓国名で、親兄弟はみんな日本名を名乗っている。「私も高校まで日本名でした。大学に入ったときに名前を金にしました。親からはずいぶん反対されました」。大学の話を聞いたら、浪人していた期間まで私と同じだった。金の祖父母は、食べられなくなって、日本に来た。父は「徴用」「炭鉱とか道路工事で働いていた」という。「友達がずいぶんそこで亡くなった。終戦間際は軍需工場で働いていいて徴兵検査までは受けたが、招集はされなかった。招集された同郷の人はみんな死んだと言っていました」

母は、日本の小学校（国民学校）に入学したが、朝鮮人ということでひどくいじめられて、ほとんど登校しなくなった。小さいときから煙草売りをして家計をたすけた。

それでも、ときには良い話がありました。父が宮崎県の椎葉村に行った時に、工事が終わった夜、家に入れ布団で寝かせてくれたとのこと。それが、戦後、父が椎葉村に近い延岡市に

図36　金正則　川崎 おおひん祭り

住み始めた理由でした。その人は林と言いました。祖父はその人の名前を自分の通名にしました。苦労したんだろうと思います。布団で寝させてくれたのが、それほどのきっかけになったなんてね（笑）。

金の両親は、一五歳と八歳で日本に来たので、当時は読み書きがあまり上手ではなかった。金は、早くから字が読めるようになっていた。学校に「身上調査書」などの届けを出すときも自分で書いた。漢和辞典の引き方を早く覚えて、親に教えた。親が運転免許取るときに書類や問題練習を手伝った。「家の仕事が廃品回収だったので、その廃品の中に角川の漢和事典がありました」。それを拾って、辞書の引き方を覚えた。それは、中学生ぐらいの時ですか？　「小学校一年生でした」。それが自分にとってはマイナスだったと思ったことはないと言う。軽やかに、ひょうひょうと、笑顔で話す言葉が、水銀のように私の中に沈んでいった。

高校卒業後、上智大学に進学した。「親には反対されました」。金は親から、勉強できるのだから医者になれ、長男だから家から離れちゃいかんと言われた。「全部それに逆らいました（笑）」。親に逆らって進学した金は、大学の入学金から全部自分で準備をした。医者になれと子供の頃から言われていたのに、金を出してくれとは言えなかった。浪人しながらアルバイトで金を稼いだ。

東京に出てきたのは、世界に近いから、という思いがあった。それまでの世界とは違う広い世界に行ってみたいと思った。世の中が変わるということを実感したり、変わる時にそこにいられればいいな、と思っていた。チャンスがあれば、キリスト教の世界に触れてみたいと思った。文学や、哲学や社会学の本を読んでいた。その中でキリスト教の大きさについて考えていた。何かのために大学に行くのではなく、自分の興味のために行った。「何かのためだったら医者になったでしょう。反発したわけではないが、自分が何かに縛られてものを決めるということが嫌だった」

長男は育てられ方も違っていた。小さい時から医者になれと耳のそばで言われていた。「反抗的な子供だと親が言っていました。私たちが嫌がることを全部すると」。金は単に縛られたくなかった。韓国の儒教文化、九州の文化、それぞれがどれぐらいの割合かは分からないが、男女は区別、長男を重視するという家庭だった。金には姉が一人で弟が二人いる。「姉も弟も、お見合いで在日同士で結婚しました。私だけが、家出のような形で日本人と結婚しました。親は、私が名前を金にしたので、よほど民族主義的な人間かと思えば日本人と結婚するし、訳が分からんと言っていました」

金は自然体という言葉が好きだ。国籍は変えないままだが、国などここ二〇〇年ぐらいでできたものでしかないし、出生地主義で選挙権も含めて与える国もある。だから、決められた環境に合わせて自分が行動することに疑問があった。「国籍等は自分で決めたことではないので、それでわざわざ動く必要はないと思った。名前もどちらかと言うと、自然体にという感じなんですね。本名にしたから、出自にかかわることは、もうそれで充分と自分が自分を許したところがありまして」

指紋押捺反対運動は、三〇〇万人の署名を集めたというが、金は、署名したかどうか覚えてない位だという。韓国語を覚える努力もしなかった。「名前を金にしたら、生まれとかそういうものに付き合うのはもういいじゃないの、と思った。結果的にはノンポリ中のノンポリできた」。運送屋でアルバイトをしながら大学に行っていたが、七〇年代、授業中に学生デモが構内に入り学費値上げ反対の大声を上げていた。「賛成だけど、単位も必要だし、授業の合間にやろうよ」と言った。「その世代の社会運動は、安保から成田から、やがて授業料値上げ反対と、テーマが変わっていったが、なんとなくリアリティを失っている感じがしました」。確かにその頃、民族差別問題や女性差別問題に大きな注意は払われず、マルクス主義革命が起きれば、全部まとめて解決するというような大雑把な感じを、私は受けていた。「在日のこと以外のさまざまな差別問題も、そんな感じで、今新たに自分の偏見をチェックしているっていう感じですよ私自身（笑）」

就職活動の際、就職課の人から、「去年も君みたいな人がいたけど全部駄目だったと言われた。何だったら大学職員にならないか」と言われた。ありがたかったが、一応がんばりますと言ってその話を受けなかった。「しかし会社を回っても、はなから『今年は外国籍の採用はありません』と言われた。三分の二くらいの企業がそうだった。受けるだけ受けたが、すべて落ちた。暗に、日本名で働かないかと言われた」。当時はバブルに向かう時期で、内定をした大学生が外に行かないようにと旅行に連れて行くという噂が流れたほどだった。それにもかかわらず、そして一流大学の学生であるにもかかわらず、壁は厚かった。「最初は落ちても元気だったが、だんだん落ちてくると、ご飯と名前のどっちが大事なんだ、と自問自答するようになった」

そのうち、履歴書に日本名と本名と両方を書くようになった。面接で、どっちを使いますかと聞かれた。ご飯の方が大事だから、「どっちでもいいです」と答えた。そのうち一つの会社が、「本当のことを言え」と聞いてきた。それならば金ですと言った。広告代理店だった。世の中に広く関わりたいと思っていた。医者は一度に一人しか直せないけど、物を作り、商品を広告することが、人を豊かにして、平和にしていくように思えた。まだまだ貧しい頃だった。子供の頃、大人の荒々しさや喧嘩は、かなりの部分が貧しさが原因のように見えた。豊かさが世の中を変えるのではないかと思っていた。「しかし就職したらば、君は外回りには出せないと言われました。金という名前では、名刺を持ってお客さんに会えないだろうと。もう一つ、『君は課長以上にはなれないだろう』と言われた」。入ったばかりだったから、まあいいやと思った。さらには、君は韓国籍だから入れたけれども、朝鮮籍だったら無理だよと言われた。朝鮮籍の人はもっと大変なんだと思った。就職課が言うには、上智大学で初めて韓国名で一般企業に就職できた人間だった。「その時は、少しずつ変わっていくのだろうと思っていた。後は速度の問題なのだから、ゆっくり変わって良い方向に行くだろうと思っていた」

しかし変化は遅いなぁと思っていた。金は韓国では非常に多い名前である。しかし、金が職場でファーストネームを使うことが必要だったことは一度もない。それぐらい民族名で社会で働いている人間は少なかった。カウンター活動を始めて、初めて下の名前はなんていうのと聞かれた。「それがちょっと困った。ずっと金の名字だけで済んでいた。それぐらい、後に続く人がいなかった」

それは計算違いだった。金は、自分が会社に迷惑をかけない程度にそこそこやっていれば、だんだん就職の間口も開くだろうと思っていた。そうはいかなかった。日本名で就職する人も多かったし、それ以前に不合格になった人も多かった。民団などの団体や、居住地域で横のつながりができるということがあるのだが、金は東京に出てきてしまい、名前を変える以上の活動はしなかった。本名を名乗る在日として、ずっと一人で生きていた。しかし、金という名刺を出すと、突然泣き出す女の子や、感極まったように「私も在日です」と打ち明ける人もいた。「そんな、えーみたいな、そんなふうに一生懸命切り出さなくていいから、と思ったが、たまったように語り出す様子を見ると、あー大変なんだろうなと思った」

「そこは私みたいに民族名だとすごく楽なんですよね。打ち明けるとかバレちゃいけないというようなことが全くないですから。そういう意味ではストレスのない世界でやってきました」と金。日本名だと、飲み会で誰かが「知ってるか、あいつ朝鮮人なんだよ」と言ってくる。その時に、「自分も朝鮮人なんです」と言えない。「最初から本名を名乗っていれば、本人の前では言わないですね。だから結構楽だったです」と金は言う。それを「楽」と言われて、私には返答の言葉がない。金が本名を名乗ることで開かれていった空間があった。

それも、最初の会社が、どちらかを選ぶという時に本名を名乗ったら入れてくれたからですよね？「そうですね、もしダメだったら日本名になっていたかもしれない。住まいとかも難しかったですしね、今でもそうですけど」。部屋を借りられないのは有名な話である。「私もそうでしたね、五件中三件はそれでダメ」。最近、九州にいる金の弟の子供が、早稲田大学に入学した。それはめでたいと祝ったが、名前どうするんだと言ったら、「林」と言った。大学の学生課で話をしたら、そのままのほうがいいんじゃないのと言われたとのこと。「まぁ変わらないんだなぁと思った」

かえって悪くなった点もある。「時代の流れもあるのか、隠れていたものが表に出てきたのか、悪くなった分も多いですね」。ますます日本名を名乗っていた人が在日であることを隠すようになっている。「『お前朝鮮人だろ！　見つけたぞ！』と言われるような怖さがある」と金は言う…。おい、レイシスト、この人生の、どこに特権があるのか言ってみろ！

在日コリアンは、仕事の選択肢が少ない。前述のように金の家は「バタ屋」だった。

結構多いですよね、姜尚中さんのところも孫正義さんもそうだった。みんながつかない職業。朝鮮戦争の景気で潤った人もいたが、概ね貧しい状態でした。定職を得ること自体が難しかったですからね。

私の家は、廃品回収からブロック製造、建設業と変わって従業員も増えていき、不足ない暮らしをさせてもらった。東京オリンピック後の不景気時に、発注先の不渡りで連鎖的に倒産したものの、一家は福岡に移り、父はいくつかの事業で再起した。

金が就職にこだわったのは、「次の世代のために、在日の仕事の選択肢が狭いことを、どうにかしなくてはいけないと思ったから」だという。

小さい子が警察官になりたいと言っても無理だし、電車の運転手になりたいと言っても、公営や半官半民のところは難しい、銀行に入ったのは聞いたことがないと、そう言われてどんどん行き先が狭まってしまう。やりたい仕事につけない、子供が将来の夢を描けない、それが日本社会と在日の最も大きな問題だ。

金自身は本名を貫いてきたが、子供がいれば心配になる。ヘイト・スピーチが流行し始めて、朝鮮人を殺せと言う人々が出てきたときに、教員の娘や学生の息子のことを考えると、リスクを背負わせてしまったのかと考える。「お父さんは自分の自然体主義でそうしてきたんだろうが、子供の人生のことを考えたのか」と、思わせてしまっているのではないか？　この状況では心配せざるを得ない。「自分一人が自然体なのはまあいいけれども、みんなをつきあわせてしまっているのではないか？　たまたま子供たちが健康で就職試験も受けられるようになっているが、そういう子ばかりとは限らない。親が子供にリスクを負わせていいのか」

金の娘は公立の小学校の先生をしている。「多分日本籍なのだと思う」という。二〇歳までは国籍を二つ持っていて、二〇歳を過ぎたら選べということになっている。「私は、どちらにしたのか聞いていない」という。「まぁなんとなく、聞くと答えなければいけなくなるから。名前は今のまま、教師になって金先生と呼ばれている」

金は、「このヘイトの溢れる世の中で、自分は覚悟をして選んだ本名だけれども、生まれついた時から在日の名前の人はどうなんだろう」。もちろん、「日本名にしている人で在日を隠さない人も多い」、「日本籍に変えた人も、出自を否定したいわけではない」。「怖かよー、兄ちゃん」とヘイト・スピーチへの恐怖をあらわした、子育て中の従姉妹の博多弁が浮かんでくる。「危険度」を測らなくてはならない日常。すごい責任を感じている。「今生まれようとしている、またこれから生まれてくる赤ちゃんもいるし、ノンポリの結果、これかぁ、と感じている」

「それでも概ね、仕事と仕事上の生活は、得るもの、もらうことが多くて良い時間を過ごしています」という。取引先は一〇〇パーセント日本の企業だ。「いろいろ教えてもらったり、金だからどうだ、という経験はほんとにないですね。就職ではありましたが、仕事では感じたことはないです」。現場は忙しいのでそんな暇はないという。今の課題をこなして新商品を開発する、それだけに皆集中している。知恵を出せるものが出せばいい。「そういう点で多様性というのは知恵の源泉なので大事だと思います。人と違ったものというか、考え方とか視点とか」

少数民族がいることはその社会を豊かにする、と国連人種差別撤廃委員会でも指摘を受けている。

> 商品を開発するときには、いろんな民族の視点で見るのは大変重要なんですね。新商品のアイデアに詰まったときに、日本人以外の目で眺めてみる。日本ではいいと思っても海外ではそうはいかないことがある。その知恵の源泉を、様々な文化、その多様性のなかに認めるということが日常的にあります。

そして、日本よりも海外の方が差別に対する倫理的基準が高い。キャッチコピーでもＬＧＢＴや少数民族の人権を侵害するようなものは全然受け付けられない。それを考えないと、ワールドワイドなビジネスはできない。「基本的に企業は事業を伸ばす、社会的には経済活性化という視点が強いが、ヘイト・スピーチとかガラパゴス化とか、うちを向くことは経済のマイナス要因だと思う」。金は言う。「中国からの観光客がよく買っているものは、日本のオリジナリティが高いものだ。シャワートイレとか炊飯器とか。日本の企業はもう一回みんなで知恵を出そう。そのためには多様性は相当大きな武器だよと思っている」。日本のために多様性は必要なのだ。

ノンポリだった金が、ヘイト・スピーチを見てカウンターに参加した。「この件は一歩も引かない」と。六一年の人生の大半、親戚以外の在日コリアンを友人にもたなかった金が、そこで在日の友人に出会った。カウンターマインドを持った日本人にも出会った。寒風吹きすさぶ都庁前で、民族差別だけでなくＬＧＢＴ差別、女性差別、障害者差別、アイヌ差別、あらゆる差別に連帯して戦うことをスピーチした。

金は次のようなツイートをしている。

> 部落問題が終わらせられない日本。単独でやった解放運動は1ステージ終えた。次のステージは連帯。在日、ＬＧＢＴ、障害者、それぞれ違うけど、ヘイトする人は同一人物。（二〇一六年一月二五日）

次のステージは連帯。六一年間、たった一人で生きてきた金正則の次のステージは、連帯である。

桜本の桜の下で

崔江学の国会供述の後、川崎の桜本「おおひん祭り」で、大阪在住のフリーライター李信恵に出会った。彼女は、ネット上の誹謗中傷や街頭でのヘイト・スピーチに対し、「在日特権を許さない市民の会」(在特会)と元会長の桜井誠(本名・高田誠)、まとめサイトの「保守速報」を相手取って損害賠償を求め提訴している。李信恵は崔江以子に、徹夜で作った朝鮮の民族衣装チマ・チョゴリを運んできた。

おおひん祭りの夜、私たちは彼女たちを囲んで宴をもった。この世には、在日だからの悩みもあれば、親だからの悩みもある。在日で女性で母親だから持つ悩みもある。互いの思いを語り合ううちに、李信恵がつぶやいた。

私が自分のことを話すことで、その人も自分のことを話せるようになる。

自分のことというのはしんどいけど、私が自分のことを話すと、その人も、自分のことを話せるようになんねん

私がしんどいといえば、あなたがしんどいと言える。みんながしんどいと言えば、自分一人じゃないとわかる。我々は傷を負った時に、物語によってそれを受け入れる。聞き手に向けて語られた物語は共有されていく。政治哲学者のアレントは、我々の経験は、語られるまではリアリティを持たないという。「いいかえると私たちが見るものを、やはり同じように見、私たちが聞くものを、や

図37　川崎 桜本 おおひん祭り

は同じように聞く他人が存在するおかげで、私たちは世界と私たち自身のリアリティを確信することができるのである（アレント、一九九四、七五－六）」。アレントは、それを公共性と呼んでいる。デモをするのはこのためだ。

日中、桜の下では祭りがあった。桜の下で人は飲み、喰い、朝鮮の太鼓チャングに合わせて踊った。美しい桜、美しいチョゴリ、チャングが響き、私たちは踊る。ドラムは人を孤立させない。

二〇一六年六月三日、内容、範囲にまだ前進すべき課題はあるが、「本邦外出身者に対する不当な差別的言動の解消に向けた取組の推進に関する法律」（ヘイト・スピーチ解消法）が施行された。疑問の余地なく明白に、差別は悪であり、かつ違法である。

リベラリズムを求めて

在日特権妄想の構造について第2章冒頭で図解を試み、それは枠組みのみに注目した構造転換だったと考察した。「在日特権」という「逆立ちをして空は下にある」というが如き逆転は、どんな経緯と知的環境で起きたのか?

立教大学教授・精神科医の香山リカを、最近カウンター活動でみかける。有田芳生議員同様、著名人がリスクを負って路上に立つ姿は印象的である。そこには正義の追求のみではなく、自らの知的営為に対する責任感があるようだ。最近『リベラルですが、何か』という著書を出版した。香山は「戦後の長い間、世界的に見れば一貫してリベラル色の強い社会だった」という。しかし、それが変わってしまった。タカ派的色彩の強い安倍政権が誕生し、二〇一四年秘密保護法に続いて一五年安全保障関連法が成立した。「この転換は、ある意味では戦後日本における最も大きな変化だ(香山、二〇一六、一二一~一二三頁)」と香山は言う。

反差別の話が急に全国政治の話になったが、この間には重大な関係がある。香山は、リベラリズムの弱体化の原因をリベラル勢力側に求める。リオタールは「大きな物語の調落」を指摘して、それをポストモダンと呼んだ。「大きな物語」とは、「政治的、実践的な『自由な主体』」「『人間の解放』の物語」などである。ふたつの世界大戦、冷戦、さらに科学の発展がこれらの「大きな物語の欺瞞を暴き、今や「正当性などどこにもない」という事態が生じた。二〇代の香山は、その内容をよく吟味さえせずに「大きな物語は終わった」と口走り、「これからはリゾーム的にそのときどきを生きればいいのだ」と考えた、と後悔する。多くのリベラル知識人も同様だったと言う。「これからは誰もが自由にそれぞれの思いつきで意見をいい、国を超えて好きなところに行けばいいので、社会運動等に関心を持たなくてもいいと考えた」。そして、ネット右翼や在特会が出てきた背景には、こうしたリベラル知識人の不作為があったのではないかという。

「正当性などどこにもない」ならば、残るのは方向性のない構造だけである。「構造が同じならば内実も同じ、わずかな差異でも、差異は差異だ」ということになる。それでは、知識人が作る言論空間が、在日特権妄想に寄与したということではないのか？

香山を訪ねた。「確かに、構造主義、あるいは記号に内実があるわけではない、という『言語論的な転回』が七〇年代に流行し、八〇年代はポストモダンの時代で、『変わらぬ価値など全くない』と考えられた。田中康夫が、『岩波新書も、ルイヴィトンも自分とっての価値は同じだ』と言った」同時に、西田哲学のような真善美、あるいは絶対正義追求が、「全体主義につながり、戦争に導いたのではないかという反省があった」。これは最近発行された中島・島薗の共著（中島&島薗、二〇一六）でも、危惧されていることである。その点では、「変わらぬ価値に対する警戒もあった。構造主義のような『中身のないジャングルジムのような枠』だけが与えられて、そこには何でもハマるという考え方は、その当時の学生やアカデミズムにとっては、これでいいんだといって安心できるものだった」

香山は私の問いに答えた。「枠組みだけが問題で構成要素はなんでもいいのだ、という発想は、確かに論理的には『在日特権』と結びつく可能性はあるが、排外主義者が、そのように『交換可能な枠組み・軽やかな知』として使っているかというとそうではない。妄想的なストーリーを確信して何の疑いもないという古典的なパラノイアに見える」

言われてみればそのとおり。構造にだけ注目するなら、在日特権とは逆の見方も柔軟にできるはずである。カウンター勢が必死にレイシストを説得して、「デモには行かないと言質をとってもまた行ってしまう」という。レイシストにとっても、歪んだ形での「変わらぬ価値」の求め方であるのかもしれない。

そこを説明するには「排外主義的な物語の生成と共有」という仮説が可能ではないだろうか。今日の排外主義的傾向の形成された場の一つとして、インターネットがあげられている。そこで、排外主義的言論の黎明期と、興隆期のデータを比較してみる。

図38は、高史明（高、二〇一四）の分析した二〇一二年から二〇一三年のツイッター上での排外主義的言論の興隆期のデータと、前述の金明秀の運営したHanBoardという、先駆的な在日コリアンについてのウェブサイトが所有していた管理人つき掲示板のデータ（二〇〇一年から二〇〇三年）の比較である。

マイノリティーにとってネット上のコミュニティーが有益であることはすでにいくつかの研究がある。少数者であるということは、当然日常においてお互いが出会う機会が少なく、出会いの場としてネットは有益である。金は、一九九七年に博士号を取得し現在教授である。当時は文系での博士号取得は稀で、一見順風満帆な研究人生に見える。しかし、在日であることから、当初の希望であった理系への進学を断念した金は、格段の努力をして博士号を取得しなければ進路が開けないと考えた。その自分の体験から、在日コリアンのコミュニティーを作った。しかし、その掲示板はヘイト・スピーチの波にさらわれ、やがて金は閉鎖を余儀なくされる。正論を装った圧力がかかり、狭い居場所を奪われる（金、二〇一六）。それが民族差別だ。

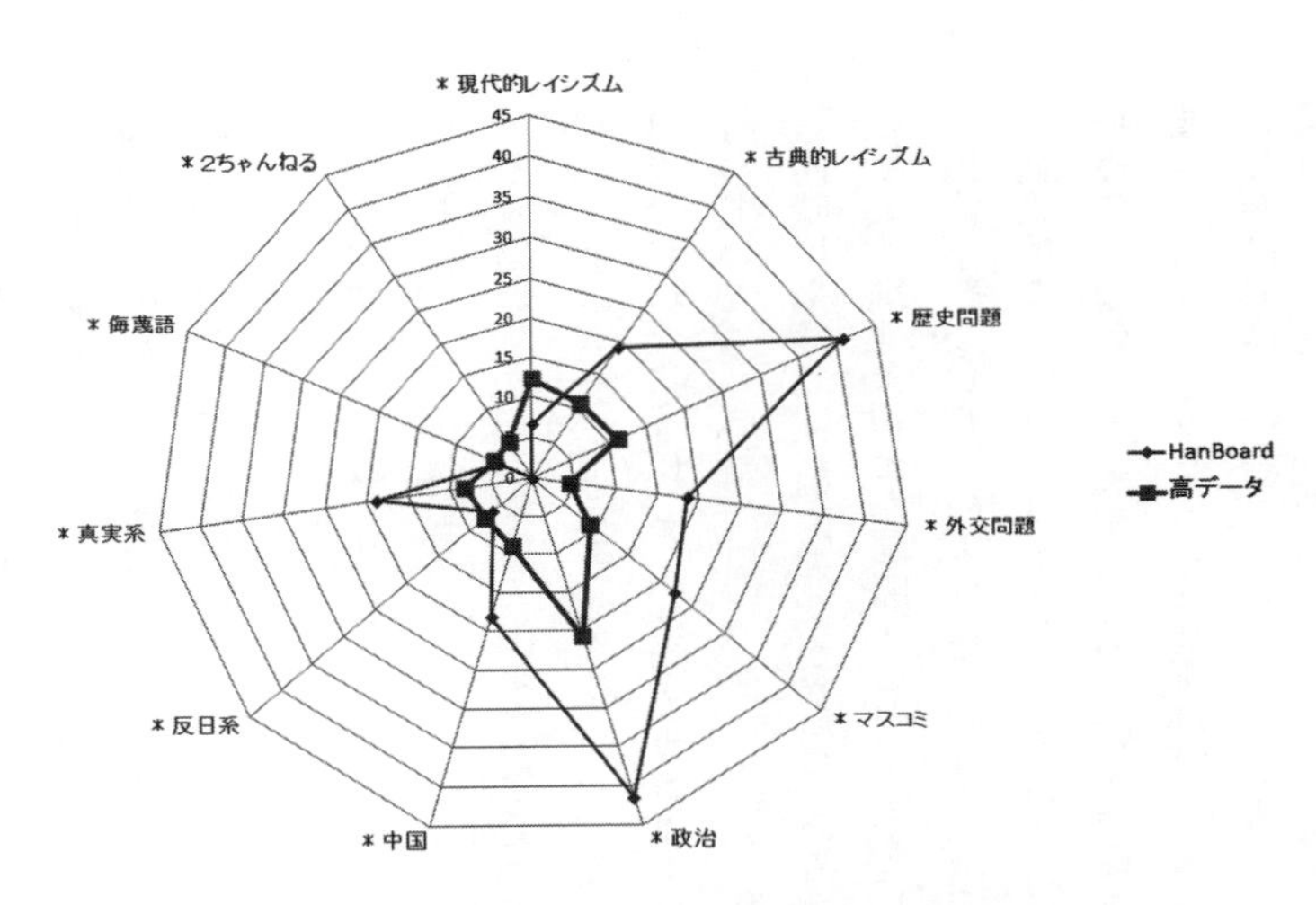

図38　ネットにおける排外主義言論の黎明期と興隆期の比較

高史明（高、二〇一四）が公開しているテキストの分類基準をHanBoardに当てはめて比較した。

これを見ると、「歴史問題」「外交問題」「政治」において、高のデータはHanBoardの縮小した相似形である。つまり濃度が薄まっている。そして、高データでは、「現代的レイシズム」がより高い。HanBoardは在日コリアンに関する専門掲示板なので、参加者は関心も知的レベルも高かったであろう。

ここから考えうる仮説は、二〇〇二年頃にある種の知的な営みとして形成された排外主義的な思想が、やがてベンフォードの言う「運動の物語」として、一般に共有されていったというプロセスである。

ところで、戦前の「変わらぬ価値」が全体主義につながったとしても、ポストモダンになる前に「戦後民主主義」があったのではないか？　我々の参照点は、そこではないのか？

香山は時に迷う。「シャルリエブド事件などが起こると『誰かの表現の自由が、ほかの誰かを傷つけるのか？』とまた考えてしまう」。香山はその時に、自分が間違っていないという方向を確認する方法として、歴史に学ぶ。「T４作戦といってナチスが、ユダヤ人の虐殺の前に、障害者を二〇万人客死ガス室で虐殺したことがあった。その時に精神科医も『悪い遺伝子を残さない』などの理由でその虐殺に加担してしまった」。差別が虐殺に結びつく、この事実を自分の主張の拠り所にしたいと香山は言う。

それはわずか八〇年前の出来事だった。差別の問題は、ファシズムの問題なのだ。路上で声を上げるカウンターがAntifa（アンチファ、反ファシズム）と書いた服を着ているのはそのためだ。これまで書いたように、香山同様カウンターに参加してる人々も、公正理念と同時に、何か参照点を持っていた。

同時にやはり、普遍的理念が必要である。キリスト教のような絶対的価値観がない日本では、「そこでよく国連条約とか国際法を引用する。しかし、例えばネトウヨやレイシストには、『学則を持ち出す学級委員長』のように扱われる」。国連が邪魔なら脱退すればいい。

個人的な参照点、合意形成としての条約以外に、普遍的な理念が必要だ。それがリベラリズムということなのか？「すべての弱い人の声を完全に聞く社会は難しいとは思うが、しかし今は、あまりにも反リベラリズム的な新自由主義史観が蔓延している。自分が完璧な社会モデルを持っているわけではないが…」と香山は憂う。

どのような社会モデルが良いのかということが、三・一一以降の社会運動で探られているのか？「そうでしょうね。」と香山。そして、二〇一五年夏、かつてないほどの大きな声で、この問いが繰り返された。

「民主主義って、何だ!?」（ＳＥＡＬＤｓ）

第3章　そしてSEALDs

図 39　国会前抗議　撮影：矢部真太

上から目線のエセ評論家の言うこと聞かずに一人一人孤独に思考し判断しろ

（ＳＥＡＬＤｓ 牛田悦正・ラッパー）

１ 海底

ＳＥＡＬＤｓの創設メンバー奥田愛基は、二〇一一年明治学院大学に入学した。東日本大震災の影響で、多くの大学で入学式が延期、あるいは中止になった。。明治学院大学でも入学式が中止され、新学期の開始は、五月になった。「五月から授業って……。一ヶ月どうしよう。できることをしなければ」と奥田は考えた。その当時の様子を奥田のツイートから追ってみる。

二〇一一年三月二六日、奥田愛基は一つのツイートを残している。

ホームレス支援のボランティアで駅を回ってきた。春なのに今日は最低気温5度で寒かった。おっちゃんらと喋ってると「昨日は寒くて全然寝れんかった」という人が何人かいて……ベッドに入る今、外に居るおっちゃんらを思うと本当に複雑な気分になる。でも明日は地震のための募金だから寝なきゃな。（二〇一一年三月二六日）

まるでリツイートされず、一つの「いいね」もない。ベッドの中で、奥田は一人孤独に思考していた。しかし、それは自分のことではなかった。地震のための募金は、思ったよりも集まった。半分は子供たちの募金箱に入っていた。子供のパワーはすごいと奥田は思った。「って僕もまだ半分子供だけど」。一九歳の「名もねえガキ」（ECD、二〇一五）だった。

数日後彼は東北へ出発し、海底をうごめくような旅を続けた。人の死が日常の中にあった。津波にあったおばあちゃんの話を聞いた。五月一一日、奥田は宮城にいた。ダンボールに詰められた支援物資を仕分けるだけで一日が暮れていく。物資をよく見たら、「あきらめないで」とか「生きぬいて」「祈ってます」などがダンボールに書かれているのを見る。「言葉は生きていると思う。どうか伝わって欲しい」。奥田は、言葉が生き返るのを目にした。

奥田の幼少期は平坦ではなかった。ホームレスなど困窮者支援に全力を尽くす牧師の家庭に生まれて、家庭にはいつも行き場のない孤立した人々が家族として受け入れられていた。「死角のない居心地の良さが本当につらかった（中原、二〇一六）」。中学校でいじめにあった。奥田を何より追い詰めたのは、この学校にはいじめがないという教員の態度だった。「わが校にいじめはありません」と言ってその場をやり過ごすために鉛になった言葉、「本人の責任」と言って自分と社会を遠ざける言葉、世界に触れないために、言葉がその傷にかぶせていたかさぶたが、震災によって引き剥がされて血が吹き出した。言葉が世界に直接触れた。奥田は生きることについて考え続ける。

今日も明日も、世界はそんなに変わらないけど。歩いてりゃ、生きてりゃ、生きる意味だって変わってる。だから人生面白いし、本当の意味で人に出会う。自分の人生は自分だけの物

じゃねえんだ、それに気がつくまで大分長かったけども、気がついたから今こうやって胸はって生きてる。（二〇一一年五月六日）

死を目の当たりにして、生が照らしだされる。不登校になり、うつ病になった中学時代、奥田は毎日死ぬことばかり考えていた。奥田は、自ら選んで沖縄の離島鳩間島に行き、中学時代を過ごした。高校は、全寮制のキリスト教愛真高校を選んで進んだ。自然の中でユニークな教育をする高校だった。これらの中学や高校のユニークな環境が、奥田を育てたという見方もできるだろう。しかし、注目すべきなのは、彼が一つ一つ選んで進んでいったということだ。もちろん、そこここで得た貴重な出会いや、学びが重要だったことは言うまでもない。しかし、オルタナティヴな生、もう一つの人生の可能性を自ら求めて行ったということが肝心なのだ。

無論、それは彼一人ではない。そんな点が集まって大学生が全国あっちこっちで声を上げ始めた。「高校生はＳＥＡＬＤｓには入れない」と言われたから、高校生が勝手に団体を作った。四年目、二〇一五年の夏には国会前がその声であふれた。五年目、二〇一六年の春、渋谷の街が奥田の顔で埋まった。あれから五年目。栃木の高校生 七田チサが、吹雪の中でデモを呼びかけた。東京・中野の高校生 天音がたった一人でデモを始める。彼らは言う、「一人孤独に思考し判断しろ」。

彼らは体制を壊そうとはしない。なぜなら樫村愛子が言うように、「社会は既に壊れている」からだ。物心ついた彼らの前にあったのは、不況、世代間格差、原発事故、ヘイト・スピーチデモだった。彼らは革命をしようとはしない。憲法学者の石川健治は、集団的自衛権の行使を一部容認する閣議決定をクーデターと呼んでいる。つまり安倍晋三によって、既に革命はなされてしまったからだ。彼らは、壊そうとしているのではなく、作ろうとしている。彼らは変えようとしているのではなく、守ろうとしている。

「終わったんなら始めるしかない」　奥田愛基

２　一五年安保とＳＥＡＬＤｓ

二〇一四年にたった数名の、しかも無名の学生によって始められた学生集団ＳＥＡＬＤｓ（当時は特定秘密保護法に反対するための集団ＳＡＳＰＬ）は、二〇一五年夏のいわゆる一五年安保闘争において鮮烈な存在を示した。ＳＥＡＬＤｓの活躍は目覚ましく、新聞・テレビが彼らの活動を取り上げ、ウォール・ストリート・ジャーナルや英国ガーディアン紙も、これまで政治に無関心に見えた日本の若者の活躍を報じている（朝日新聞　二〇一五年九月一八日）。

旧来の抗議活動に見られる、ゆっくりしたシュプレヒコールや、所属団体を示す幟旗、そして何よりも「デモは高齢者のするもの」などの社会通念を破った。今必要な表現方法を生み出す、プレゼンテーション能力である。さらに二〇一六年の参院選挙に向けて、野党政党からの協力要請を受けるほどの政治的影響力をもち、広い社会的認知を得て二〇一五年一二月の流行語大賞トップテン入りを果たした。戦略立案能力もある。

同時に実際の彼らに接してみると、六月以降の国会前抗議の最中にさえ授業とバイトに明け暮れ、時間があればディズニーランドや水族館に遊びに行く、無邪気であどけなくさえある普通の若者である。写真は二〇一五年九月二一日、すなわち安保法制成立直後にＳＥＡＬＤｓメンバーが水族館に遊びに行った様子である（図40）。あの激しい国会前闘争の直後にでも、自分の生活とのバランスを失わない様子は彼らの思想の表現でもある。社会運動は生活のためにあるのだ。生活中心主義である。同時にこの「自己責任社会」、おまえより大変な人がいるのだから我慢しろという「下方比較押し付け社会」で、悲嘆に暮れた顔をしても、誰も助けてくれないことをよく知っているからである。

図40　安保法制成立直後、水族館で
撮影：長棟はなみ・ＳＥＡＬＤｓ

時は戻り、二〇一五年七月から八月、国会前は、群衆にあふれ、二〇一二年六月の官邸前抗議を思わせる車道開放が行われた。開放された車道に多くの人々が詰めかけ抗議の声を上げた。九月一五日、ＳＥＡＬＤｓメンバー奥田愛基は、公述人として国会で安保法制に関する意見陳述を行った。二〇一二年から一三年、もう一度民衆の力が国会の扉を強く叩き開いた。奥田はこう言った。

ＳＥＡＬＤｓはたしかに注目を集めていますが、現在の安保法制に対して、その国民的な世論を私たちが作りだしたのではありません。もしそう考えておられるのでしたら、それは残念ながら過大評価だと思います。

私の考えでは、この状況を作っているのは、紛れもなく現在の与党のみなさんです。

奥田は、八月三〇日、何が起こったのかを知っている。覚えているだろうか、第一章の反原発編で、反原連の井出実が、「国会議員との対話のテーブル」で語った言葉を。奥田は、三年の時を経て同じ言葉を繰り返すことになった。翌年、二〇一六年年五月三日、護憲集会に出席していた奥田に、この発言を知っていたのか聞いてみた。奥田は答えた。「『対話のテーブル』があったことは知っていましたが、井出さんが出席していたことさえ知りませんでした」。真実は単純で、学ぶ必要も説明の必要もない。曇りのない目には同じものが見える。今日の社会運動は、イデオロギーによってでも、どこかの国の陰謀によって生まれているわけでもない。それは抑圧があるところに生まれる、開放の力として存在している。

ＳＥＡＬＤｓの主催する集会には若者ばかりがいるのではなかった。朝日歌壇には次のような短歌が載っている。（二〇一五年一〇月一二日）

デモの列にはじめて並んだ遠い日のわたしが重なるＳＥＡＬＤｓ（シールズ）の少女ら

（三島市）　浅野和子

ＳＥＡＬＤｓ自体も前身のＳＡＳＰＬ以来の活動の中で、呼びかけ対象を「学生・若者」を中心としたものから「全世代」へと変えていった。若者の活躍が強調されるが、全体としてみればＳＥＡＬＤｓによって若者の社会運動への参加が激増したとは言いがたい。ＳＥＡＬＤｓは単に若者の運動であるだけではなく、全世代の社会運動を活性化させる触媒として働いており、むしろこの触媒としての働きが重要である。実は、ＳＥＡＬＤｓの前身ＳＡＳＰＬは一種の世代間闘争を意識して活動していた。二〇一四年五月三日の憲法集会の日に、わざわざ自分たちのデモをぶつけた。。それがどのようにして、全世代に呼びかける運動体になったのか、その経緯についても、今後全編を通して探っていきたい。

三・一一コーホート・ポスト「ポストモダン」・世代格差

ＳＥＡＬＤｓのメンバーは概ね一八歳から二二歳前後である。すなわち彼らは、一四歳からウ一八歳という人格形成期に、東日本大震災を経験したことになる。聞き取りを進めていくと、その刻印を見いだすことができる。

中心メンバーの奥田愛基は、震災後一本の動画を作っている。タイトルは『生きる３１２』。３１２とは震災後の世界を比喩的に表現した言葉である。甚大な被害をもたらした大震災の後も、生き延びた人々は生き続ける。「原発が爆発したらもうおしまいだから、考えてもしょうがない…」。想定外の事態とはそういうことであった。考えてもしょうがないから、考えなかった。しかし、「気楽なシニシズム」の時代は終わった。

『３１２』とは、一体どんな生なのか。「ＵＦＰＦＦ国際平和映像祭グランプリ」、「地球の歩き方賞」をとったその動画で、奥田はそれを問うている。彼は、様々な人物を取り上げて三・一一後の日本の状況を描いた。動画の最終部分で、奥田は岩手で津波を生き延びた少年ショウに、生きるとは何かを尋ねている。

「ショウにとって生きるって?」

「朝起きたときじゃないかなぁ。なんか、今日も生きてるって感じる。三月一一日はそういう気がしなかったから。今日生きてるなって、そんな気しなかったから」

三・一一の後全てが終わってしまったような感覚の中で、当時一九歳だった奥田はもう一度『312』の世界を生きることを選び取るのである。インタビューを重ねていくと、彼らのライフヒストリーの中に刻み込まれた三・一一に出合う。SEALDsの牛田悦正は、三・一一後の感覚について、インタビューに応じてこう答えている。

八〇年代的なポストモダンの「終わる、終わる」というのはノスタルジックなところもあって、実は終わりたくないっていうか、絶望がそんなに行き過ぎてない。「終わる、終わる」と言ってたけど、内心は実は終わってないっていうか。でも完全に俺らの世代だと終わっちゃったところから出てきたから、俺らの方が終わり感が強くて、完全に終わってしまって何かが始まると(思っている)。

第二部末で示した「軽やかな知との戯れ」を完全否定する。そんなことばかりやっていたから、ネトウヨばかりの世の中になったのだ、ということを知っているのである。思想的世代間闘争宣言である。しかし牛田は、ドゥルーズやフーコーを否定しているわけではない。よく読んでいる。牛田が批判しているのは、近代化が、むしろ始まったばかりの日本のバブル好景気の中で、「物語が終わった」と言いながら、コム・デ・ギャルソンを着てイタリア料理を食べにいくような知的状況のことである。

東日本大震災は甚大な被害をもたらした自然災害であったが、同時に、すでに存在していた日本社会の様々な問題、すなわち原発、経済、労働、福祉、高齢化などが露呈した契機でもあった。世代間の経済格差は激しく、彼らの親世代である四〇歳代では、負債が貯蓄を上回っている。「終わってしまった感」から人生が始まったと感じている。彼らにとって幸福とは、それでも「なんか、今日も生きてるって感じ」なのである。経済的・政治的世代間闘争宣言である。SEALDsメンバーの両親は、バブル世代の終わり頃を経験している。経済も政治もまだ安定していて、ヘイト・スピーチも原発事故もなかった。SEALDsのある女子メンバーは、母親にこう言ったという。「お母さんなんか、何の苦労もしていないでしょう!?」。これは還暦を迎えた私が、「お前は苦労を知らない」と親の世代から聞かされた言葉である。四〇年経って、我々は、鏡の国に住んでいる。

SEALDsのすべてのメンバーが「二四時間政治の話をしてるやつらばかりじゃない」けれど、「スピーチしているのを聞くと、なんかわかってると思う」と奥田はいう。SEALDsの運動は、ポスト三・一一世代の運動だと言えるであろう。センスやデザイン、同年代であるという共通項だけでなくポスト三・一一世代としての生活感覚と危機感の共有が、同世代を呼び寄せる。奥田は無関心層という言葉を嫌う。「俺が（デモなどの）イベント行くときに、友達が無関心層とか言われたら嫌だから。何かしら生活に必死で、何かしら関心みんな持ってますよ。それが政治とかの言葉じゃないだけで」

ある時代に特殊的な経験を共有した世代、社会学で言うコーホートだという感覚が、同世代の若者に届く言葉を紡ぎだす。更にそのスタイルと戦略は、インターネットを通じて、口コミによってパッケージ化されて伝えられていく。「８・３０全国一〇〇万人抗議行動」を翌日に控えた二〇一五年八月二九日、ＳＥＡＬＤｓ、ＳＥＡＬＤｓ ＴＯＨＯＫＵ、ＳＥＡＬＤｓ ＫＡＮＳＡＩ、ＳＥＡＬＤｓ ＲＹＵＫＹＵ、Ｔ－ｎｓ ＳＯＷＬ、ＳＡＤＬ、ＰＥＤＡＬ、「しーこぷ。」、ＷＩＮＤ、Ｎ－ＤＯＶＥ、ＷＤＷ、ＦＹＭ、ＤｅｍｏｓＫｒａｔｉａの一三団体、東北から沖縄まで、日本中の「行動する」若者が、安保法案を廃案にすべく駆けつけた。注目すべきなのは、「ここに集まったほとんどの人たちが、今日初めて会う人たち」（奥田）であることだった。全国のこのような運動のパッケージ化と拡散は、前述のように反原発運動で始まった、インターネット時代の社会運動の特徴というべきものである。同時に、それのみならず対面しなくても伝わるある感覚を共有していることを物語っている。その共有している感覚とは、同質性や集団性ではなく、むしろバラバラの個であることだ。

ＳＡＳＰＬのウェブサイトにはこう書いてある。「私たちは、様々なバックグラウンドを持つ『個人』としてデモに参加し、声を上げることを重視します」。「他方で『私たちは個人〝として〟アクションを起こす』ということは、言い換えれば、デモを通じて『個人』として解体される、ということにもなります」。この感覚について、先述の五月三日、奥田に尋ねた。「デモの中で個に解体されるって言ったのは、牛田くんや信和が言ってたことを僕が言い換えてそういう言い回しにしたんだと思います」。つまり、それは誰かが先導したものではなく、言語化される前に共有されていたことだった。

逆説的保守主義

そしてＳＥＡＬＤｓは保守的な集団である。その保守性とは、次のような意味である。戦後の日本国憲法の時代は既に七〇年を迎えた。これは戦前の大日本帝国憲法の統治期間五六年間をはるかに超えている。ＳＥＡＬＤｓ世代にとって、戦後民主主義は、すでに守るべき伝統である。野間易通も常々そう自称しているが、「憲法守れ！」と立憲主義を標榜するＳＥＡＬＤｓは、逆説的な保守主義と言える。

そもそもＳＥＡＬＤｓの日本語名は、「自由と民主主義のための学生緊急行動」であり、自由民主党の党名とほど近い。ＳＥＡＬＤｓの設立公式ステートメントの前文にはこうある。「私たちは、戦後七〇年でつくりあげられてきた、この国の自由と民主主義の伝統を尊重します。そして、その基盤である日本国憲法のもつ価値を守りたいと考えています。この国の平和憲法の理念は、いまだ達成されていない未完のプロジェクトです。現在、危機に瀕している日本国憲法を守るために、私たちは立憲主義・生活保障・安全保障の三分野で、明確なヴィジョンを表明します」

そして、順次、立憲主義・生活保障・安全保障について述べられている。理念部分を抜粋しよう。

立憲主義については、「私たちは、立憲主義を尊重する政治を求めます。立憲主義とは、私たちの自由や権利を保障する憲法に基づいて政治を行う考え方です。国家権力の暴走によって個人の自由や権利が奪われることがないように、憲法によって政府の権力を制限する考え方でもあります」と述べている。しかし、憲法改正を一概に否定するものではなく、「もちろん、私たちは憲法改正それ自体を否定するつもりはありません。セクシュアル・マイノリティ、生きることの多様性など、現在、ますます多くの社会問題が浮き彫りになっています。こうした問題についての憲法の改正は、おおいに議論され、実践されるべきであると私たちは考えます」と立場を明らかにしている。

生活保障については、「私たちは、持続可能で健全な成長と公正な分配によって、人々の生活を保障する政治を求めます。派遣村、就職難、ワーキングプアなど、現在の日本はかつてない貧困のなかにあります。グローバル化や脱工業化社会のなかで、他先進国に比して国民の福祉の多くを企業・家族に委ねていた日本の生活保障システムは、抜本的な改革が迫られています」と、公正な再分配を強調する。

安全保障に関しては、「私たちは、対話と協調に基づく平和的な外交・安全保障政策を求めます。現在、日本と近隣諸国との領土問題・歴史認識問題が深刻化しています。平和憲法を持ち、唯一の被爆国でもある日本は、その平和の理念を現実的なヴィジョンとともに発信し、北東アジアの協調的安全保障体制の構築へ向けてイニシアティブを発揮するべきです。私たちは、こうした国際社会への貢献こそが、最も日本の安全に寄与すると考えています」とのべている。

これらのステートメントは、自由主義社会の政策としてむしろ標準的なものではないだろうか。

香山の言った「戦後の長い間、世界的に見れば一貫してリベラル色の強い社会だった」という伝統に適合的である。SEALDsは「戦後民主主義の再活性化」（奥田）を唱える。奥田は言う。「ある政治哲学者に，君たちでやってることって，結構戦後感があるよねと言われた。そう言われてみると，デモのスピーチの中でも丸山真男やジョン・ダワーを引用してることが多い」。奥田は社会学者古市憲寿の書名『絶望の国の幸福な若者たち』にかけて言う。「僕らは，絶望の国の幸福な〈闘う〉若者たちなんです」。戦後民主主義の再活性化だからこそ，明るく，若々しく，強いメッセージを発し続ける。それは弱者の嘆願ではなく，被害者の訴えではなく，主権者から施政者への命令である。

実はSEALDsのステートメントは、一九五五年の自由民主党立党宣言・綱領とよく似ている。

立党宣言

昭和三十年十一月十五日

政治は国民のもの、即ちその使命と任務は、内に民生を安定せしめ、公共の福祉を増進し、外に自主独立の権威を回復し、平和の諸条件を調整確立するにある。われらは、この使命と任務に鑑み、ここに民主政治の本義に立脚して、自由民主党を結成し、広く国民大衆とともにその責務を全うせんことを誓う。

> 大戦終熄して既に十年、世界の大勢は著しく相貌を変じ、原子科学の発達と共に、全人類の歴史は日々新しい頁を書き加えつつある。今日の政治は、少なくとも十年後の世界を目標に描いて、創造の努力を払い、過去及び現在の制度機構の中から健全なるものを生かし、古き無用なるものを除き、社会的欠陥を是正することに勇敢であらねばならない。
>
> われら立党の政治理念は、第一に、ひたすら議会民主政治の大道を歩むにある。従ってわれらは、暴力と破壊、革命と独裁を政治手段とするすべての勢力又は思想をあくまで排撃する。第二に、個人の自由と人格の尊厳を社会秩序の基本的条件となす。故に、権力による専制と階級主義に反対する。
>
> われらは、秩序の中に前進をもとめ、知性を磨き、進歩的諸政策を敢行し、文化的民主国家の諸制度を確立して、祖国再建の大業に邁進せんとするものである。
>
> 右宣言する。

立憲主義の文字はないものの、ＳＥＡＬＤｓのステートメントと大きく齟齬をきたすものではない。

また当時の綱領はこうだった。

> 一、わが党は、民主主義の理念を基調として諸般の制度、機構を刷新改善し、文化的民主国家の完成を期する。
>
> 一、わが党は、平和と自由を希求する人類普遍の正義に立脚して、国際関係を是正し、調整

し、自主独立の完成を期する。

一、わが党は、公共の福祉を規範とし、個人の創意と企業の自由を基底とする経済の総合計画を策定実施し、民生の安定と福祉国家の完成を期する。

これも立憲主義の文字はないものの、ＳＥＡＬＤｓのステートメントと順番が違うだけとも言える。もちろん、日本国憲法制定直後には、問われることさえなかった立憲主義をＳＥＡＬＤｓが前面に押し出さざるを得なかったことは、新しい現象であるといえるだろう。奥田は、民主主義と立憲主義の緊張関係について語っている。選挙で選ばれた政治家の行動を制限するのが立憲主義である（高橋・ＳＥＡＬＤｓ、二〇一五、六〇頁）。特定秘密保護法以来の、そうせざるを得ない状況が彼らに立憲主義を強調させている。これらの原則的には自由主義と民主主義に基づいたものが「戦後レジーム」であった。

ＳＥＡＬＤｓの安全保障政策の最後には、「先の大戦による多大な犠牲と侵略の反省を経て平和主義／自由民主主義を確立した日本には、世界、特に東アジアの軍縮・民主化の流れをリードしていく、強い責任とポテンシャルがあります」という一文があって、戦後の日本の歴史についてあまりにも楽観的と批判することもできよう。しかし、後述するように反差別カウンターと辺野古基地闘争を経たＳＥＡＬＤｓの歴史観がそれほどナイーブではありえないと考える。ここに書かれているのは、そうあるべきという肯定的命令、憲法の条文を現実化せよ、という安倍政権に対する要求であろう。ＳＥＡＬＤｓメンバー本間信和はある時「僕らは未来の民主主義そのものだ」

とスピーチしている。憲法を神棚から引きずり出して、血肉化せよ。それが彼らの「地べたの思想戦」であった。

安倍政権の急進的な政策は極右的革新とでも言うべきものであるが、これ自体が、安倍総理自身が言うように、戦後レジームからの脱却として出てきたもので、マジョリティであった戦後リベラリズムに対する反発である。いわば、戦後民主主義、平和主義の逆説的な産物であるといえる。実は安倍政権内の閣僚で、戦前の政治体制を経験したものも、戦争を体験したものもいない。現在の極右的革新主義は、戦後民主主義の中で極めて理念的・思弁的に再把握された大日本帝国憲法統治時代への憧憬なのである。同時に、日本国憲法が制定された一九四六年を知っているSEALDsメンバーもいない。彼らの戦後民主主義も再帰的に再把握され、戦略的に選択されたものなのである。SEALDsと元特攻隊員との交流が話題になったが、彼らは一九四六年を知る世代を自分たちの参照点として選択するのである。第二部末で、香山リカが言った、反差別運動の参照点としての、ナチスのT4作戦と同じである。そして過去から学ぶといっても、参照点が一世代飛ぶのである。

私の質問に答えて、奥田はこう答えている。「(引き戻されたから) だから立憲主義とか民主主義が再度テーマになった、まあこの辺は牛田くんがいつもいってるポストモダン批判ですからね。近代国家辞めますか?的な。一世代飛ぶんですけど、(サポートしてくれる) アーティストやクリエイターには三〇代四〇代が多いんですよね。アンティファにも。この辺が救いだったのかも。ぜんぜん薄いですけどね」。アンティファとは反差別カウンターのことである。

つまり現在生じているＳＥＡＬＤｓによる反安倍政権運動は、古い自民党と新しい自民党との新旧対立の図式であり、ＳＥＡＬＤｓは、ポスト三・一一世代による逆説的保守主義運動である。

しかしそれを単なる思想の時間的後退と見るのは誤りである。国会前で「憲法守れ」と叫んでいたＳＥＡＬＤｓメンバー橋下紅子の母親は、元客室乗務員で、労働組合を結成して「客室乗務員三〇歳定年制」を撤廃させた（女性自身 二〇一五年七月二一日号）。いわば一九九〇年代の第二派フェミニズムを戦い抜いた女性である。その娘は、通常ならば時間軸的にはその後にある問題、例えばジュディス・バトラー的な繊細なジェンダー問題などを扱っていて不思議はない。ところが、再び一九四六年に軸足をおいて戦わなければならないのは、これも、安倍政権の極右的革新政策が生み出した事態である。

つまり、ＳＥＡＬＤｓは、思弁的に再把握された大日本帝国憲法統治時代を目指す極右的革新主義にたいして、再帰的に再把握した戦後民主主義を戦略的に選択することを余儀なくされているのである。そしてその再帰的再把握という点において、ポストモダン的な状況なのである。

これらの基本的認識をもとにして、①ＳＥＡＬＤｓの前史②社会に対して声を上げる回路を見出し、皮膚感覚に合う方法で、声を出せるようになったプロセス③価値観に影響を与えているオルタナティヴな教育④繊細なプレゼンテーション⑤国民としての国家への責任感⑥全世代闘争への深化を促進した辺野古基地闘争⑦地域政治と全国政治の葛藤と強調⑧緊急学生運動としての組織運営と限界について、メンバーのインタビューをもとに記述していく。さらにＳＥＡＬＤｓの母親たちに取材し、二世代にわたり百年後の民主主義を目指す、願いと模索を描いていく。

3　もう一つの源流――U－20デモ実行委員会

SEALDsの前身SASPLが明治学院大学にあったTAZ（the Temporary Autonomous Zone＝一時的自律空間）、ICUにあったAPI（Action for Political Issues）という政治問題学習グループによって作られていったことは、SEALDsが語っていることである。しかし、そこには複数の源流がある。誰か一人が始めたというよりも、それぞれの方法で海底をうごめいていた光が、寄り集まったと考えるべきだろうと思う。SEALDsメンバーの話を聞いていると、そのバックグラウンドは様々で、例えばこの後に登場する佐藤大のように、反差別カウンターを主な足場としてSASPLに参加した者もいる。谷こころのように、辺野古基地闘争がきっかけだった者もいる。中川えりなのように、カトリックの信仰に導かれて、という者もいる。何も思わず安穏と暮らしていた若者が、突然奥田愛基によって漁られたのではない。一人ひとりの、主体的な思索と体験と葛藤があった。たとえ誰にも知られなくても、冒頭に掲載した奥田のツイートと同じように、海底を模索するような旅を続けていた。

記録すべきもう一つのグループとして、高校生による特定秘密保護法に反対する「U－20デモ実行委員会」があった。そこには、後にSASPL、SEALDsに参加する植田千晶と伊勢桃李、そしておもちがいた。二〇一三年一二月一日、官邸前に制服を着た高校生が数人現れ、突然特定秘密保護法に対する抗議を始めた。トラメガもなく、野球の応援に使うメガフォンを使って、地声で抗議を始めたのである。「大人たちは無関心を装うな！　子供は未来を考えろ！　特定秘密保護法反対！」。抗議はツイキャスで配信され、今でもYouTubeで動画を見ることができる。胸が張り裂ける。生命そのものが抵抗を始めていた。私は帰宅途中に抗議を知り、自宅に戻ってトラメガを貸そうと持って飛んでいったが間に合わなかった。

二〇一四年一月二六日、U－20は高校生主催によるデモを行った。参加した奥田愛基はこうツイートしている。「高校生が本気でデモやってる。すげーよ。来てよかった（二〇一四年一月二六日）」。SASPLの最初のデモのわずか五日前だった。奥田愛基、本間信和、諏訪原健、大野至と、後のSEALDs中心メンバーが参加しており、のちに述べるように、そこで新しい出会いもあった。それ以前の何十年かの間に、高校生によるデモがあったか寡聞にして知らないが、おそらく七〇年代の高校闘争以来のことだったのではないか。

その頃のことを、おもちに聞いた。U－20デモは、高校生たちの大変な苦労の末に実現した。具体的な準備をし、大人とも協力しなければならない。対人交渉もたくさんあった。「今は若者たくさんいるじゃないですか、SEALDsとか。当時は、もう参加者集めるのが大変で、必死で声かけて声かけて、知らない子にも会ったら『何歳ですか』って聞いて。今考えたら大変でしたね。SASPLのデモがすぐにあるの、知りませんでした」

SEALDsはすでに蒔かれていた種が、芽生えたのだ。その種とは何なのか。おもちは答えた。それぞれの若者がそれ以前から抱えていた意識だったり怒りだったり。SASPLやSEA

ＬＤｓはその受け皿になったんだと思います。受け皿がフィットしたからバーって。自分たちだけだったら、Ｕ－２０デモやって、それだけで誰にも知られないで終わってしまったと思うけど、その後ＳＡＳＰＬが出現して、力が集まったことが大きな運動を生んだのだと思う。反原連が、毎週毎週抗議をやっていることで、「やっていいんだ」ということがわかった。路上に出ていいんだ、声を上げていいんだ。それは迷惑じゃないんだ、原発のほうが迷惑なんだ、安保法制のほうが迷惑なんだっていうことがわかった。

小さな迷惑を考えて声をあげなかったことが、今起きている一つ一つの重大な問題をひき起こしている。「反原発運動、カウンター、反安保法制は一連の流れの中で起きていると思います。自分はその流れに、ふわふわとのっちゃったテヘッ（笑）。誰がとか、何がそれを作ったからじゃなくて、その社会が必要としたんだと思います。怒りを集めるということが。どれだけ大事だったか。集めて、表に出さなければいけない局面がどんどん社会に出てきている」と、おもち。若者は、一人一人孤独に思考し判断し、一歩ずつ歩き出し、声を上げる。

４　ＳＥＡＬＤｓ、それぞれの来歴

声を出す

序に述べたように、雨宮処凛は、「社会や政治への回路が閉ざされていることが常態となった世界」に生きてきたという。しかし、政治に対して声を上げていた時代の若者にも煩悶はあった。

何が違うのだろう。高野悦子は、学生運動の盛んな時代に運動に身を投じ、その煩悶を日記に残して、一九六九年自殺した。その日記の一つ『二十歳の原点』をテキストマイニングし、多次元尺度構成法で表現したのが、図41である。単語同士の近さは、同じ一日の日記の中に出てくる確率が高いことを示す。

図の右側には、高野の私的な日常的生活と内省を表す単語が並んでいる。図の左側には、学生運動に関する単語が並んでいる。つまり、高野は私生活を書くときには、政治のことを書かず、政治のことを書くときには、私生活については書かないのである。

この二つは切り分けられ、高野の煩悶はむしろそのことにあった。図の左上にある「自由」、あるいは「弱い」という単語がそれを表しているように思える。しかし、大文字の政治の言葉を使うことによって、社会に発言する回路は開かれていた。

他方、図42は、南条あやという少女の日記の分析である。南条は一九八〇年に生まれ、中学一年からリストカットをはじめて、一九九九年、高校卒業直後に、大量の向精神薬を服用したことが間接的な原因で亡くなる。彼女のウェブ日記は『卒業式まで死にません—女子高生南条あやの日記』というタイトルで出版された。

彼女の日記の中では、学校も、親も、友達も、食事も睡眠も、すべてはごちゃごちゃである。社会が心に侵食し、心が関係に溶け出している。そうは言っても、南条の日記は高野の日記よりも世界が広い。なぜならば、それはウェブ日記で、そこには読者がいたからである。

このように、閉ざされたウェブ上のつぶやきとして互いを感じながらそれは社会に対して挙げ

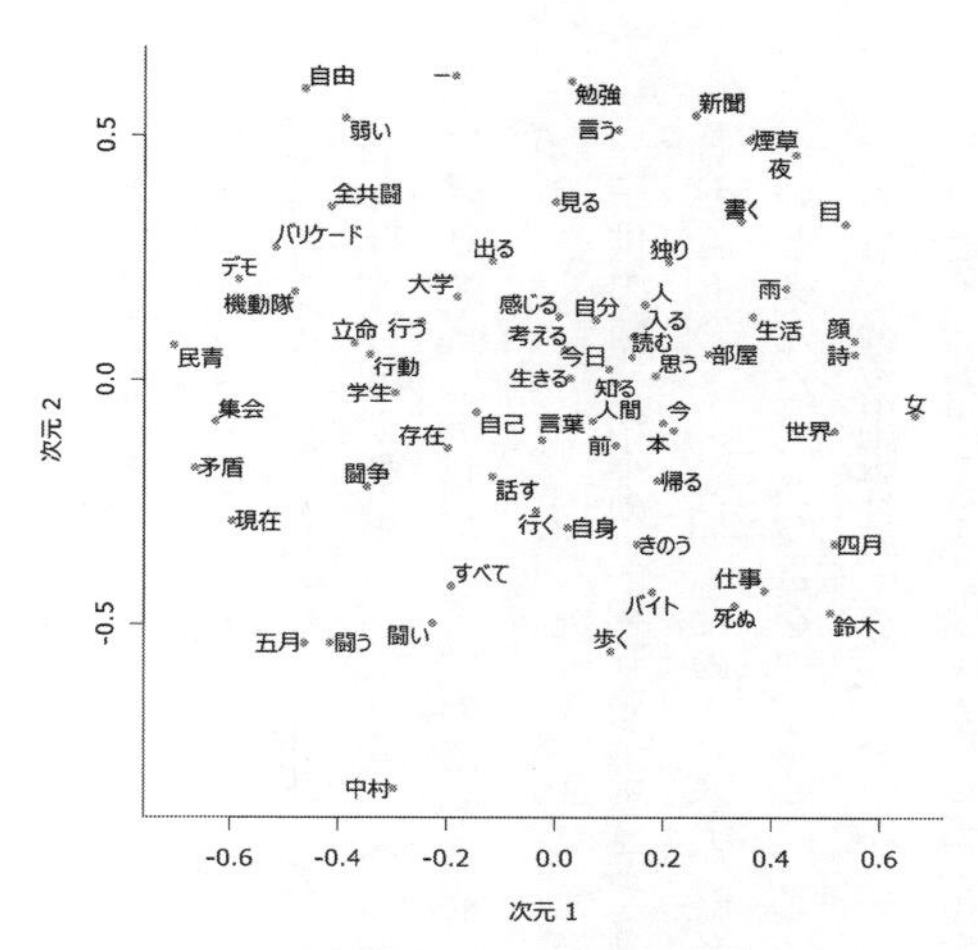

図41　高野悦子　『二十歳の原点』

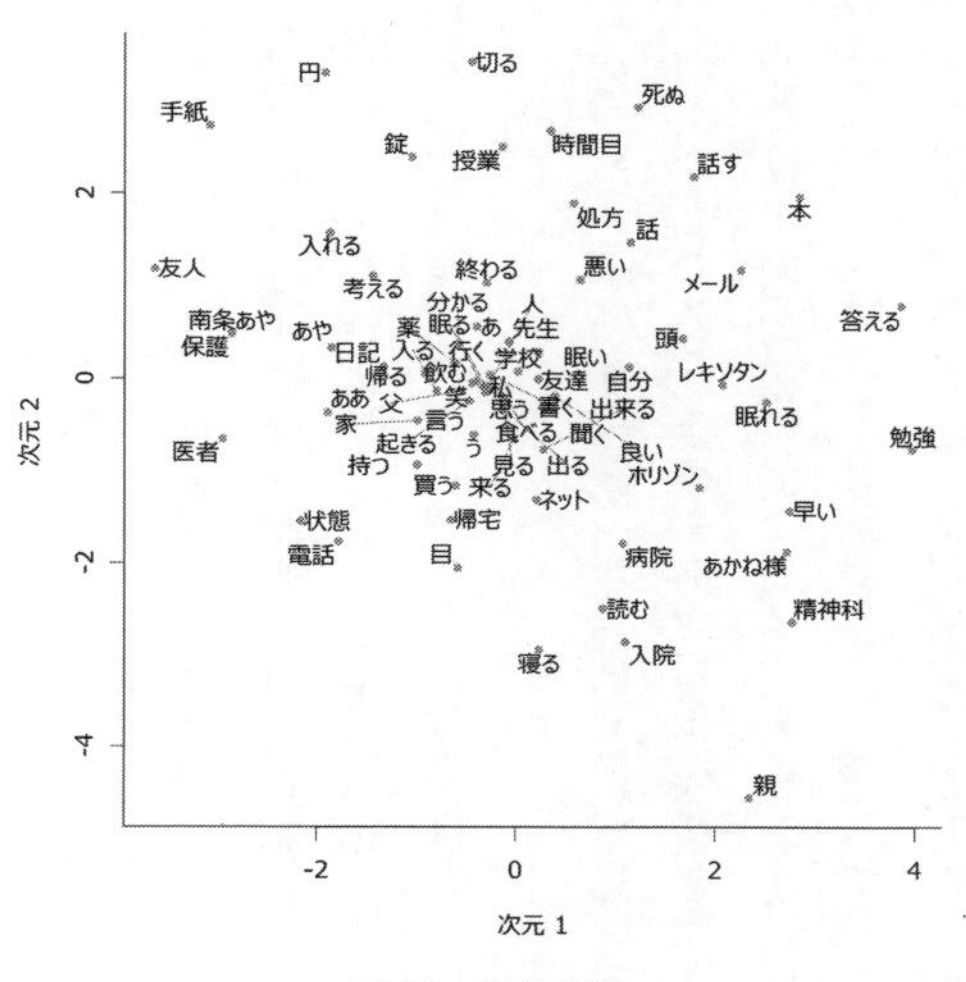

図42　南条あや

る声にはならず、我々は、この二〇年を過ごした。声を上げるためには、新しい回路、新しいメソッドが必要だった。雨宮が言うように、SEALDsがそれを開いた。このことは、次から始まるSEALDsメンバーのすべてのライフヒストリーから読み取れることである。

かわいそうなぞう

二〇一五年一一月二〇日、国連が定めた「世界子どもの日」に、日本ペンクラブが主宰する「フォーラム・子どもたちの未来のために」が開かれた。アニメーション映画監督の高畑勲や、著名な絵本作家が登壇し、安法法制への危機感を表明した。SEALDsメンバー山田和花も壇上に登りスピーチした。子供の頃から絵本が好きな和花は、喜んでこのイベントを引き受けたという。

子供の頃、絵本の『かわいそうなぞう』『ごんぎつね』などが好きだった和花は、どんな思いでSEALDsに参加したのか。会が終わり、母親の山田幸子とともに会場を出た和花に、話を聞きたいと頼んだ。大好きな作家達と同じ席に並んで、和花はだいぶ緊張したようだった。おまけにその日、ある出版社から絵本を書かないか、と言われていた。「緊張すると歯をくいしばってしまう」と言った。「もぐもぐするとこの辺に違和感がある」と、パスタでふくらんだ頬を指した。それではと、ワインを勧めた。

和花は、中学校の時から本格的にテニスを始め、高校、大学と続けていた。テニス部が終わると、そのままテニススクールに行き、帰宅は午後一一時というのが普通だった。社会で起きていることを知る暇はなかった。

　そんな高校一年生の時、東日本大震災が起こり、原発事故が発生した。その時はさすがにテニスをやってる状態ではなかった。家で嫌でも目に入る津波のニュースや政府の対応をテレビで見て、次第に政治というものに不信感が募っていった。不信に感じた一つのきっかけが枝野元官房長官の放射能に関する表明「直ちに人体・健康に害はない」だった。「なんかこの国の政治がおかしいなと思っていました。そのモヤモヤを抱えながら高校生活を送ってきて受験生になったある日、テニスだけの成績では大学に入れないことがわかって、初めてテニスを離れて自分の時間を持てるようになりました」

図43　SEALDs山田和花

　和花は放射能の問題を色々考え、映画監督鎌仲ひとみの本を読んだ。そこには、劣化ウラン弾で白血病になって亡くなった少女の話があった。その本の最後に、原発事故のことが書いてあった。「それまでは、この本に出てきた白血病の少女は、現実に存在していたけど少し遠い、自分とは違う世界の出来事だと思って読んでいたのに、最後の日本の原発事故のことが書かれている箇所を読んだときに急に現実に戻ってきた感じがして、日本でも同じことが起きているんではないかと考えました」。そこで、沖縄にある福島子供保養施設「球美の里」に行き、一〇日間の保養ボランティアを始めた。そこが実質的に和花の社会活動の始まりだった。そこで初めて福島に今も住んでいる人に会い、ジャーナリストの広河隆一にも会い、話を聞いた。「昼間は元気に遊んでいる子供たちの姿と、夜子供の面倒から解放されたお母さんたちの福島での生活の現状の話がすごくギャップがあって、それを聞いたらとても混乱して、毎晩毎晩泣いていました」

二〇一二年衆院選挙の時、和花は、ギリギリ選挙権を持っていなかった。同じ学年の学生は皆選挙権を持っていた。それなのにバイトがあると言って選挙に行かない学生もいた。「それを見ていて私はすごく悔しくて歯がゆかった。そして衆議院選挙の結果を、家で一人でテレビを見て、すごい腹の立つ結果に打ちのめされて、ガン泣きした」

和花は、直接、安倍晋三の演説を聞きに行っていた。「原発のことも集団的自衛権のことも一言も言わず、最後までアベノミクスのことしか言わなかった人たちが、当確と共にテレビのインタビューで答えたのは、国民の皆さんが原発も何もかも全ての政策を支持してくださったという言葉。本当にこれが国民の選んだ代表だったのか」とすごく絶望した。すごく絶望したが、同時にすごく腹が立って、「絶対ひっくり返してやる」と考えた。テニスをしていた時から、負けん気は強かった。テニスを始めたばかりの時に、ベテランの選手に「こんな所に球が返ってくるのか」というようなプレイを見せられて負けた。しかし「でもいつか絶対勝てる」となぜか自信満々だった。そんな感じが選挙でも蘇ってきた。

そうは言っても和花は、「デモなんて」と言って、最初はあまり乗り気ではなかった。特定秘密保護法の国会前抗議の時も「そーっと」見に行ったそうである。秘密保護法が成立する最後の三日間のときの抗議集会だった。二〇一三年一一月に、和花は反原連のデモに参加した。デモを否定していたのに、自分が保養施設で受け持った子供達のこと思い出したら、その子供たちに対して自分が離れていても何かできることがきっとあると考えた。デモは、すごく違和感があったけど、沿道からそっと一緒に歩いた。どうだったかと母に聞かれたが、「本当に疲れるし、とても怖かったし、近寄りがたかった！」と答えた。

その後、三宅洋平の「大デモ」や、Ｕ－２０のデモに行った。Ｕ－２０デモで、ＳＥＡＬＤｓメンバー、大野至に出会う。「その時に大野くんに声かけられて、Facebookでつながりました。それがなければＳＥＡＬＤｓに入っていなかったかもしれません」。幸子が口添えした。Ｕ－２０は若い子たちがつながるきっかけを作ったのかもしれません、と。「今でこそＳＥＡＬＤｓがあるけれど、Ｕ－２０が集まる機会を作ってくれたことが大きいと思う。そんなに有名にならなかったけど、千晶ちゃんとか、Ｕ－２０の主催者は尊敬しています」。千晶ちゃん、とはＳＥＡＬＤｓ映像班、植田千晶のことである。その後すぐにあったＳＡＳＰＬのデモに行った。母にどうだった、と聞かれた。「マジ最高、これだったら私でも参加できる」と答えた。和花は、「やりやすくて嬉しかった」とのことだ。

ＳＡＳＰＬには最初のデモから参加していたが、運営としては関わっていなかった。「大野くんから『そろそろお手伝いやってみない』と言われて、そろそろってなんだろうと思いながらいつも単に参加してばかりだったので、運営覗いてみようと思った」。デモ行こうよ、と友達に言ったら、「和花が主催したら行くよ」と言われたり、「スピーチしたら聞きに行くよ」と言われた。「そのために来てもらうのもなんだかなぁ」と思ったが、和花はそのことが気になっていた。そんな時に大野から連絡があったのだ。

初めてのお手伝いは、二〇一四年一二月二五日のデモのパンフレットを渋谷で配ることだった。誰も受け取ってくれないで、心が折れた。温度差というものも改めて実感した。「『お嬢さん、何やってるんですかぁ』って居酒屋のキャッチの人が聞いてくるので、『これを受け取ってくれますか』と言うと『あーいいよ』と言って受け取ってくれるんだけれども、気がつくと地面に転がっている。そのフライヤーのデザインをした子が、その様子を見て泣いていた」

五月三日のSEALDs立ち上げの記者会見の時には、突然呼ばれて古くから活動しているメンバーと一緒に、記者会見で少し話した。「別に統一的なユニホームを着ることがなくて、何か自由だなと思った」。何かあるとユニフォームというのは、テニス部的なノリだろうか?

最初、デモが嫌な感じがしたのはどうして?「んー。なんか暴力的っていう印象があったんだけど、行ってみたら、そうではなかった。だけど怒りのオーラが強い気がした。くたばれとか、倒せとか、相手を敵としてみなしている言葉を使ってる印象が強かった。私はそれが嫌だった」という。すみません、それ私です。和花は言う。

SASPLとかSEALDsの人が使っていたのは、民主主義ってなんだ、とか、自分たちに対する問いかけの言葉だった。自分が思っていること、自分がなりたいものを言葉にしているメンバーだったり、コールだった。それが私の中では馴染んだ。「やっつけろ」とか「倒せ」っていうのでは自分が長続きできない。疲れると思った。

母娘は、山本太郎参議院議員の、安保法制に関する審議でのスピーチに感動していた。あのスピーチにやじを飛ばせる人は、どんな感性をしているのかといぶかしんでいた。「感性がない人が、何のために政治家になったんだろうと思う。政治家こそ一番感性が鋭敏でなくてはならないのではないか」。戦場で人間らしさを持っていられるのは三日間だけだと、幸子が伊勢崎賢治の言葉をひいた。「きっと、国会内も落とし合いの戦場なんだろうな」と幸子が言うと、「そして、それに参加してこなかった自分の日常は、なんだったんだろう、と考えている」と和花が答えた。和花は、国会で論戦している政治家と違う日常に生きている自分とは何なんだろうなと考えた。

毎週国会前に通わなければいけないことが日常になるよりも、隣の人や家族とご飯を食べながら、身近なところで自分の意見を表明してぶつけることが日常化してもいいと和花は思う。今だけじゃなくてずっと。「そうなったときに初めて憲法改正することを考えられるのだと思う」と幸子が言った。「何も考えていないのに、憲法に触れるなんて本当にナンセンスだなと思う」

その日のフォーラムでスピーチをした「安保法制に反対するママの会」のメンバーは、「父親は賛成してはいない」と言っていた。幸子はそれに言及して、「うちの場合も、何も言わないという感じですね。一緒に行く？と聞くと、俺はいいよ、と言う」。そういうことをするのは、自分とは違う世界と思っているのかもしれませんね？「私が国会前でスピーチするわ、と言って出かけていくことを、きっと選挙の時とかどこかで必ず思い出すと思う」と和花。「伝わるかどうかは私が判断することではなくて、やることをやっていかなければいけないと思う。その繰り返しなんだろうと思う」と言う。「父の姿を見ていてそう思う」

そして、和花は母にはすごく反発するという。「外にいる時はこんなふうに仲が良いんですけどね。大好きだからこそ何でも言ってしまう。「家庭の中では、泣くまで議論します、主に私が泣いてるんですけど」。「それで母を傷つけてしまったり。他人を想像したり、いたわる心や思いやる心を国会とかに求めているのに、自分はできてないんだなぁとひしひしと感じます。自分が変わっていかないと変わらないんだから、母への態度も改めようと思います」と和花。「聞いたよ、聞いたよ！」と幸子。

幸子は、最近ガーデニングを始めた。和花も少し影響を受けてベランダに花を植えては、「生きてるってすごいねー」と言って眺めている。「絵本作家が、動物はただ生きていると言った。人間に欠けているのはそれじゃないかといった話を、ベランダを眺めながらしている。私は犬を飼っているので、動物って、そういうこと考えないだろうねと言って、また母と話している」。幸子が言った。

「私は、『今日が残りの人生最初の日』っていう言葉が好きなんです」。良いこと言いますね。和花が書いた絵本をいつか読んでみたい。

SEALDsでデモ班に所属する谷こころに話を聞いた。SEALDs参加のきっかけは？
「二〇一五年三月から四月の頭に辺野古に行っていて、そこで元SEALDsメンバーの伊勢桃李に会ったんです。嬉しい偶然ですね。彼女にSEALDsのオープニングイベントに誘われました」

高校卒業した後、一年間外国に行った。特定秘密保護法の可決の時は、ニューヨークにいた。海外のニュースメディアを通しても、そのニュースが入ってきた。日本にいないからこそ、「知らないうちに日本が大変な方向に向かっていると感じた」。三月に帰国したら、日本で今起こっていることをできるだけいろんな目線で見ようと思った。たまたま知り合いがいたので、「まず辺野古に行こうかな」と思ったという。

図44　谷こころ　撮影：Brigette Bloom

お母さんは何か言っていますか？「私が小さい時に、母に連れられて、核兵器反対のミュージックパレードに行ったことを覚えています。沖縄の基地の問題の映画とかを、母と母の友達と、私と私の友達で地元での上映会を企画したこともありました。SEALDsで私がうごいていることも、母は応援してくれています。なかなか自ら進んで新聞を読まない私に、大事な記事を切り抜いて読みやすくしてくれたりすることもあります。国会前でSEALDsのパンフレットを配っていたら、自分の母親だった時にはさすがに驚きました（笑）」

谷は、小中高一貫の東京賢治シュタイナー学校に通っていた。「大まかには、芸術の科目が多くて、インターナショナルな感じです」。シュタイナー学校のうち、高校まで学校法人なのは日本では一つだけで、彼女が通っていたところはＮＰＯ法人だった。そこで小中学校は、地元の学校に籍を置かせてもらっていた。高校は高卒認定の試験を受ける。一学年一〇人から一五人ぐらいだった。「私のクラスは一番少なくて、一学年七人。皆兄弟のように育ちました」

シュタイナー学校では詰め込み教育をしない。小学校中学校八年間、テストはなく、成績もつかなかった。ものを考え、実際に手を動かすことが多い教育だった。「いろんなところに出かけていったり、高等部では毎年三週間実習があったりとかそんな感じでした。絵を描いたり、彫刻を作ったり、演劇をしたり、芸術の授業もたくさんありました」。奥田君がいたキリスト教愛真高校みたいだね？「そうですね、近いと思います」

一般の小中高に通ったシールズのメンバーの話を聞くと、一回、屈折せざるを得ない場合が多いようだ。「人間の生命に意味を与える力」を教える教育が必要なのだと思う。知識を得る前に、生命を失ってしまうことがある。

谷は、高校を卒業して外国に行く前にも、日本を知りたくて一人旅をした。

最初に沖縄に行った。辺野古、高江、伊江島、愛楽園などをまわった。その時辺野古では、まだゲート前の座り込みをしていなくて、浜でだけ座り込みをしていた。その時に持った印象と、一年後に行った印象では全く違っていたという。谷は、『標的の村』とか『圧殺の海』という沖縄の基地闘争を描いた映画の上映会をしていた。

一年後、辺野古に行った時、映画の中に入った感じがした。シュプレヒコールをあげられなかった。声になる前に涙が出てきた。

現実じゃないみたいな感じだった、東京だったらのほほんと暮らしていけるけど、あの場所でそれを生活として戦っている人たちがいる。この東京と同じ時代、一緒の時間に起こっているということが想像できないし、それは実際に彼らと同じ場所で声を上げないとわからないと思う。それでも沖縄の人たちの本当の苦しみや気持ちは全部は私にはわからない。もどかしい気持ちがおさまらなかった。

「沖縄の人たちは、夜は楽しく歌って踊っていることもある。でもそれを見ていても涙が出てくる。どうしていいかわからなかったけれども、とりあえずそこにいた」。だが、そこで会った人々は谷にとってとても大きかった。「桃李に会わなければ私もSEALDsにはいなかったと思うし、ゲート前で出会った人たちとはまだ繋がっている」。SEALDsの前身、ex－SASPLによる辺野古からの中継を見ていたが、辺野古にいる間に、メンバーの顔がどんどん変わっていった。

外国はアメリカにいたのですか？「高校卒業後は一年間の間に、最初半年位スペインに行って、ニューヨーク、最後オーストラリアにいました。私のお母さんは私がお腹にいる時はイギリスに住んでいました。それも自分のバックグラウンドにはなっていて、それで高校時代はイギリスに行ったんです。イギリスはとても好きです」

SEALDsではどんな役割ですか?「デモ班とインターナショナル班にいます。私とか、萌子ちゃんとか、リョウくんとかです」

デモ班はどんなことをするの?「デモの企画、デモ機材の準備、デモのイメージづくりをします。『今回のデモはどうやるのか』、そのイメージに従って、デザイン班にコンセプトを投げる、当日のスタッフを募集して当日の皆の配置をする、プラカードを作るなどなど、デモ全体をデザインします」

SASPL時代からデモでのプレゼンテーションには気をつかっていますね?「そうですね。その時によって、何に対してデモを起こすのかということが違っていて、国会前で今までやっていた抗議と、街宣とかサウンドカーを出してのデモは違います」

今は、街宣とかサウンドカーでのデモに主力が移っているという。そうなると、ターゲットが変わるのだ。

国会前は、ある程度関心があって声をあげたいと思って来る人たちが来る。しかし、普通に表参道でデモをするとなると、一般の人たち見るから、そこでどう見られるかということを重視します。

具体的には見え方を変えるという。「国会前もメディアがたくさん来るから、どう見えるかということが大事ですが、それよりも、ターゲットが近くにいるので、いかに声を届けられるか、国民が一体となって主張を訴えている、言いたいことを言っている絵を作れるか、が重要になってくると思います。時にはメディアを通してデモを初めて知る人たち、でも基本的にそこでのターゲットは国会の中にいる政治家の人たちです」

しかし、一般の道でデモするときには、そこでデモが起こることを知りもしない人たちが歩いているわけである。道を歩く人が、「少しでも興味を引けるのかどうか、何をしているんだろうかと思って、スピーチに耳を傾ける」ことを目指す。「いかに興味を持ってもらえるかに重点を置いています。それがあるのでサウンドカーを楽しく飾り付けたりする。ラップ調でのコールにもこの役割はあるかもしれない」

なるほど。コールは切り分けるのですか？「その時によって、一番言いたいことが何なのかということをメインに考えている。『安倍はやめろ』というようなコールは、国会前だと普通にできるけど、意図的にすることもありますが、一般の道で言ってもびっくりされるだけかもしれないとか、その場所や、何に反対したいかによってコールの内容も変えます」。国会前だと前提が共有されていて、その結論として、「安倍はやめろ」とコールするわけだが、一般道のデモでは、まずその前提自体を説明するところから始めるわけですね。「そうです」

そういうことで音楽が多くなることもあるわけだ。

ＳＡＳＰＬ時代は、ターゲットが若者だったので、曲のテンポも早かったし、音楽をどんどん使っていた。大人たちも最初は遠慮して、「若者を前に」と言っていたが、そのうち全世代の運動になって、八月三〇日国会前車道開放を迎えることになった。「若者主体であるという意識は、Ｓ

EALDsでも変わらないけれども、若者だけの問題じゃないから、全世代でやろうと考えた。SASPLやSEALDsが始める前から、国会前で抗議の声をあげていた人たち、おじいちゃんやおばあちゃんがいたので、そういう人がいたからSEALDsもできたということだし、これは連携しない手はない」と考えた。「そこを呼びかけられたのは、愛基くんの言葉だったりするから、それがすごかったなと思う」

SEALDs以降の参加者は、連携からスタートするのかな？「その結果、前に出る若者が減ったっていうのは確かにあって、それは今後の課題だなとは思います」。あの時は、若者の参加人数が爆発的に増えることはなかったけれども、全世代が活性化する触媒になった。苦労がありますか？「そうですね、当日スタッフが集まらなかったり、運転できる人が限られていたりとか、警察に申請に行かなければならないのに、みんな学校があるから行けないとか。プラカードの張り替えも、人手が足りなくて前日の夜に、数人でやらなければならないとか」

それでも何とか回っているのだけれど、なによりもイメージの共有が問題だという。「今度のデモをどうしようかという、ビジョンというか、イメージを作るのが難しくて、デザイン班との共有がうまくいかないと、全然イメージと違うフライヤーが上がってきたりする。それを校正しつつ、交渉しつつです。みんな忙しいから」。まるで会社だ。コミュニケーションて、難しいよね？「そうなんですよ、絵のイメージを伝えるというのは、言葉で言い切れないので」

大学があるし、生活のためのアルバイトがある。そんな中で時間をやりくりしなくてはならない。よく止まらないで回っていますね？誰かが背負ってしまったりするの？「今誰かが背負ってしまっても、背負える人だったらいいのかなと思います。デザイン班も数人でやりくりしているけれど、何とか続けられるうちはいいのかなと思っています」

夏が終わった後、皆さん疲れてますよね？

疲れているけれど、これからやらなければいけないことの、ビジョンを作らないとなりません。参院選に向けて、作業自体が専門的になってくるし、見えづらくなってくる。今までのように、国会前で声を上げるということだけではいけなくなる。

闘いのフェーズは変わった。「その中で手探りが続いている。できる人も限られている。知識的なことだったり、人脈的なことだったり」

谷はインターナショナル班として、メンバーのスピーチの英訳などを手がけている。さらには海外からの取材に対応している。外国に行って日本のことについて考えることがありましたか？

「特に高校時代に行っていたイギリスに関しては、初めての留学だったので、日本との違いがとてもよく見えました。日本の国のいいところも悪いところも。私が生まれた時から、母は家で英語の教室やっていたので、私は英語と日本語で育ちました。もう少し自分の英語をスキルアップしたかったし、自分のバックグラウンドと感じている国イギリスに行ってみたいと思った。他国の地で生活してみると、ちょっとした違いがたくさんあって、それさえも興味深かった。もっと外の世界を知りたくなったし、やっぱり外国は自由さというのが大きい気がします。私が行った外国では、若者がファッションとか好きな人の話とかと同じトーンで街中で政治の話をしていて、日本に戻った時に政治の話がタブーとかそういう空気感っていうのをとても感じたし、そういうところは窮屈だな、って思った」

日本をいちど外から見るというのは大事だよね。「そうですね。そう思います」

谷こころには、管理教育がさす影がない。オルタナティブで透明なライフ。ウッディなカフェに、窓越しに差し込む郊外の強い光に透かされて、ときおり谷の姿が消えて座っている椅子が見えたような気さえした。

信仰・セルフモニタリング・レスポンシビリティー

SEALDsメンバー中川えりなは、フリーのファッションモデルで上智大学神学部の学生である。まだSEALDsに入る前の二〇一五年七月一〇日、SEALDsの主催する安保法制反対抗議に参加した中川は、参加する自分の動画を撮影して、ツイッターで公開した。SEALDsメンバーによってリツイートされたこの動画は、ショッキングだった。

デモや抗議は、集合行動だと考えられている。その集団に対して同一性を持つことから、集合的アイデンティティーという言葉も使われる。デモや抗議を撮影するということは、一般的には、抗議している他者、多くは集団を撮影する。「自撮り」「セルフィー」といって、自分を撮影すること自体は流行しているが、抗議で何故、自分を撮るのか？　上智大学へ行き、中川の好きなカレーを食べながら話を聞いた。

中川の母親は日系ペルー人である。ペルーはカトリックの国である。母親がカトリックだったので中川も自然とカトリックになった。「日本にある宗教アレルギー的なものを治したい」と思っているという。中川は、日本はすごく自殺者が多いことを気にかけている。そして、ペルーはすごく少ない。自らの社会への関心と、宗教を結びつけて考えている。このような価値観と社会への関心はSEALDs全体に見いだされることである。

教会に熱心に行くようになるぐらいは分かるけど、神学部に入ってしまうのは、ジャンプがあるような気がするけど?「そうですね（笑）。キリスト教は昔の話ではなくて、現在も活かせるんだよ、というのを伝えるために、学ぼうと思ったんです。カトリック自体が、現代の政治状況にコミットしているので、現代の社会とカトリックはすごく関係がある」

図45　中川えりな　撮影：島崎ろでぃ

そのことを知的に伝えることができれば、宗教への偏見をなくしていけるのではないかと、中川は思った。そしてそうすれば日本の自殺は減るのではないか?　もっとも、上智大学の神学部は、今は聖職に就くコースと、一般的に神学を学ぶコースと二通りある。中川はシスターになるわけではない。

自撮り動画について聞いてみた。自撮り動画を撮る前、総がかり行動の国会前座り込みに参加していた。そこで「あっちで若い子がやってるよ」とSEALDsを教えてもらった。七月一〇日、SEALDsの国会前抗議に参加し、自撮り動画を撮った（図46）。「デモ中に自撮り動画撮る女子大生モデルの子やば！（二〇一五年七月一〇日）」。ＳＥＡＬＤｓ映像班矢部真太がツイートした。ＳＥＡＬＤｓも驚いた。「あの動画撮ってない時はめっちゃ真剣に抗議してるんですけど、動画撮ってる時に楽しくて笑ったから、ふざけてる人と思われたんじゃないかとちょっと心配しています。楽しいのは楽しいですが、ディズニーランドみたいな楽しみではなくて、『喜び』みたいな。絶望に向かっていたベクトルを変えられるっていう『喜び』みたいな」。あー、ここに羊の群れがあったんだ、ということでしょ？「こうすればよかったんだってわかった」

図46　中川えりな　ＳＥＡＬＤｓ国会前抗議自撮り動画

自撮りって、あれどんな感じなの？「私も別に全然考えてなくて、自撮りを非難されるようになってから、それを擁護する人が出てきて、この子はこういう意味でやってるんだと言われた。ああそうそうそれだと思った。生活に馴染んでいたから、なんで自撮りをしてるのか言語にする必要がなかった」。その擁護者は、こう言ったという。「この子たちは、ご飯を食べるとか展覧会に行くとか、その時に、自分が今ここにいる、ということを示すためにやっているんだ」。そういう生活の一部に抗議が入っているということじゃないのかと。「ああそうだわ、と思った。そこにいることを記録する」

SEALDsの矢部も、中川のツイッターは、普段は食事やファッションの写真を撮っていて、そこにデモが入るのがすごくいいと言っていた。「最初は逆に政治の話が多かったかもしれない。でも非難されて、反論して、擁護されて、そうやっているうちに、『自分のことを知らない人が写真を見たときにどんな風に考えるか、偏っている風には思われたくない』と思うようになった。普通の日常のこととして政治を語ってるっていうことを伝えたい。政治を特殊なことと考えるほうが、逆に変なんだって考えて欲しい」。第1章の麻生せりなの食卓の写真と同じである。ここに、ツイッターを通してのセルフモニタリングのプロセスがある。自分の行動を評価する他者の発言を読んで、自己について再度思考する。

しかし、「ネット上の議論」については否定的である。「ネットの対話とか議論で、うまくいってるのを見たことないですね、対話しろよと言っているけれど、どっちかが対話する気がないので。ツイッターはケンカになってるのしか見たことないです」

パソコン通信時代の、「民主主義的討議のアリーナとしての電子空間」は、シスオペなどと呼ばれる管理者が司会をする言論空間だから構想できた。しかし、もう、司会者はいない。それでは、ネットを通じて社会と個人をつなぐ方法はないのかと言えば、そうではない。自撮り動画のように、デモに行った存在証明をだすことも社会的な行為である。その形で日常の言葉を政治に向けているのである。「そういう意味では、ネットを利用したいですね」

中川の国会前の写真について話した。これはSEALDs七田人比古が撮った写真である。彼はポートレートが上手いという。キリッとした写真ですね。目からビームが出てる感じ。出そうと思って出したんですか？「出ちゃったんでしょうね、国会前だから（笑）」。そして、「七田君と話をしていて、デモ行く＝かっこいい、みたいな価値観がいいよねと言っていろいろ写真を撮ろうと話をした」と言う。現代は、自分がどのように見られるかを考えるのがとても重要な時代である。ＳＥＡＬＤｓもセルフモニタリングに非常に意識的だ。「ＳＥＡＬＤｓの中では、『こういうふうにツイートするとこう見られる』といったことをよく議論する。どう受け止められるかを真剣に考えている」。自分が言っていることが正しいから理解されるはずだ、という主張の仕方はとっくに終わっているのである。相手に伝わった内容が、自分の主張になる。それをＳＥＡＬＤｓは自覚している。

図47　中川えりな　国会前
撮影：ＳＥＡＬＤｓ　七田人比古

自撮り動画のツイートで、中川は「責任」という言葉を使った。国家に対する自分の責任という意味である。レンガで頭を殴られたようなショックを受けた。こんな感覚はいったいどこから出てくるんだろう。「まずは、ケネディ大統領の就任演説です。好きで暗記するほど読みました。そして、後で日本国憲法を見たら、こういう責任を負わなきゃいけないって書いてある」。確かに、日本国憲法には、「この憲法が国民に保障する自由及び権利は、国民の不断の努力によつて、これを保持しなければならない（第１２条）」と書いてある。

ある番組に出演した時に、そのことをレスポンスビリティーという英語で表現した。後で奥田愛基が、それが良かったとコメントしたという。それは「負うべき重荷」ではなくて、レスポンスする能力＝応答する能力のことだからと。それ以来、レスポンスビリティーという言葉を使っている。

＊

二〇一五年九月一四日の国会前抗議で中川はこうスピーチしている。「私は、デモに行くまでの自分が、国を作るのは政治家だけがやることだとどこかで思っていたのだと認めざるを得ません。私はいつもニュースや新聞をみながら一人で悲観したりするだけの傍観者でした」。中川は、自分は傍観者だったと言っている。しかし、デモに行くことで変わっていった。「しかし『この国の政治おかしい』って心の中でつぶやくだけでなく、日本国憲法前文にある、『平和を維持し、専制と隷従、圧迫と偏狭を地上から永遠に除去しようと努めている国際社会において、名誉ある地位を占めたい』という『この崇高な理想と目的』を達成しようとすることに私も加われるのだと感じ、そのことに喜びを感じました」

ＳＥＡＬＤｓは多くのシーンで憲法を引用する。先ほど引用した、「不断の努力」という言葉もよく使われる。それは神棚に飾られてお題目になっていた憲法を、再活性化してもう一度主権者としての肉体に変えることだ。そうは言っても、「いい時代に生まれた」というこの言い切り方にはびっくりした。それもケネディの言葉だという。ある意味でのナショナリズムといえるのだろう。中川は、自分と国家の関係を「私とあなた」の関係で考えている。他者（それ）として の国家に不満を言うのではなく、国家なんか関係ないというアナキズムではなく、国に対して責任を取ると言い出した。しかもそれを幸せと呼ぶ。

「国に対して責任を取ると言うと、『お国のために滅私奉公する』と受け取られるかもしれないけれど、そこは良い国にするための能力を自分も持っているという意味です。それは日本国憲法にも書いてあるし、そっちの方がベクトルが絶対上に行くと思う」と中川。中川が言う国に対する責任とは、国が不正をなすときには、正義を為せと要求することである。要するに、愛国主義ということか。「そう、愛国主義だと思う。高校生の時から、自殺者を減らしたりとか、社会を良くしたいといつも考えていた」。中川は、内村鑑三の『後世への最大遺物』を読んだ。「自分が死ぬときには、自分が生まれた時よりも良い社会にしたい」と書いてあったのを読んで、「ああ、そうだわ」と思った。

政府の政策に反対すると、最近では売国奴とか反日という人がいる。しかし、そうではない。「それめっちゃ当たり前のことで、愛国心が政策鵜呑みにすることだったら、それ脳みそ使わないことじゃん」。そして、国に対して、「間違ってる時は間違っていると言うし、あってる時はあってるというのが、本当の愛国心だと思う」と。「デモの自撮りで、『真面目にやれよ』って言ってる人がいるけど、『むしろめっちゃ真面目だわ』と言いたい」。第一章で示したように、三・一一以降の社会運動は、「日本とは何か、国民と国家との関係とは何か」を考えている。その問題意識は、SEALDsに至って、明瞭に言語化されはじめた。

加害性に気づく

「こんにちは、はじめまして、ＳＥＡＬＤｓの溝井萌子です、よろしくお願いします！」

突然、まっすぐで屈託のない挨拶が訪れた。授業で少し遅くなるはずが、休講になったのだと言う。早く来るはずの母親の留美と到着が逆になった。

萌子は、ＳＥＡＬＤｓメンバーに対する東日本大震災の決定的な影響について語った。「私が最初に自発的にデモに行ったのは脱原発デモが最初でした。三・一一が大きかったというのは、祖母の家が福島ということもあるのですが、自分の生活を捨てて逃げざるを得ない人たちの姿を目の当たりにしたときに、『あー、自分たちの生活と政治ってこんなにつながってるんだ』と思いました」。萌子は、初めてそれを実感した。「私は原発事故が起きるまで、原発のことなんて考えたことがなかったし、核が平和に利用できるのならそれはそれで良いことだと思っていた。何も考えていませんでした」

原発事故が起きてしまったことに衝撃をうけ、そしてその責任は自分にもあるのだと思ったという。「そういう事故が起きてしまった時に、私は東京で生活していて、電気も使っていて、私自分は何も考えていなくて、一方でそういう事故が起きたときに福島の人たちは自分たちの生活を、故郷を、捨てなければいけなくなって。その時に自分にもすごく責任があるなと思ったんです」。萌子は、自分は、何も考えずにぼんやりしていたという。「生活と政治が繋がってるんだな、ってことがわかって、ちゃんと社会と向き合わなければいけないなと思いました。原発事故は最初の契機でした」。萌子は中学生、一五歳だった。

図 48　溝井萌子

母留美は夫と相談、福島の祖父母を呼んで萌子とともに沖縄に送った。「おじいちゃんとおばあちゃんは、放射能がどうだったとしても福島に帰りたいと言っていた。それは、おじいちゃん、おばあちゃんだけじゃなくて、避難した人の多くがそうだったと思います」。そしてその責任は、何も考えずに暮らしていた自分にあると思った。

萌子は中学二年生の秋に学校にいけなくなり、その後、自由の森学園に転校した。「不登校になったのは、ターニングポイントだったと思う。それまで私、すごい優等生で、周りと上手くやっていて、でもそれが一気に崩れた。いろんな人が社会にはいて、別に優等生ばっかりじゃないし、無理して優等生になる必要もないし、自由の森学園に転校して、ほんとにいろんな子がいて、ちょっと変わった子もいるけど、お互いに自然にさらっと受け止めていた。『あーいろんな人がいてこういう社会もあるんだな』と思った」。一度はどん底に落ちた。「なんだろう、その時の、中学校という狭い世界しか知らなかった私は、既定路線から落ちたから、もう生きていけないと思った。自分の人生はもう終わったと思った」。しかし、一歩外に出てみたら、全然そんなことはなかった。「突き抜けましたね、自由の森学園の教員も含めて、それでいいんだよと言ってくれる人がいたのはとても大きかった」。それだからか、萌子には、人からの評価に対する怯えがないように見える。「不登校になっていっぺんどん底に落ちたと思ったから、そこで変わったとは思う。今でも、性格的に人の目はすごく気にしちゃう。でも別にそれはいいんだと思えるようになりました。気にしちゃう自分のことを、しょうがないと割り切っています」

萌子さんは、自分の加害者性に敏感な人ですよね？　「そうなのかな。過去に起こったことや現在起きていることに向き合った時に、自分が加害者だということを自覚した上で、そしてどう生きていくのかということは、ずっと考えています」。「日本の侵略行為とか戦争のこともそうだ」と言う。別に自分が直接手を下したわけではないから、自分たちが罰を受けるべきだとは思わないが、「それを踏まえて、これからの社会を構築していくときにどう考えるのかということが重要だと思う」と言う。日本の戦後教育を自虐史観だという意見は、受け入れられない。「ＳＥＡＬＤｓは、他人の痛みに対して敏感だと思います。自分がマジョリティーだったり東京という中央にいる時に、他人の痛みを想像することで、自分の立場がはっきり分かる」。その時に加害者だということに気がつく。でも、加害者だからといって罪悪感を抱えてうつむいていても何もならない。「それを自覚した上でどう生きていくのか、ということを考えています。福島の痛みもそうだし、ヘイト・スピーチの対象になってるような人たちの痛みもそうですし」

一方でＳＡＳＰＬ・ＳＥＡＬＤｓは、世代間抗争でもあって、最初の頃のＳＡＳＰＬには、前の世代に対する否定があったと思う。自分の絶望している状態を表現するのだ、という感じが強かった。いわば被害者としての告発だよね。「そうですね」。その時に、みんな東北や沖縄などへ行き、感じたことがいろいろあったんじゃないかな？　「そうです、ほんとそうです。沖縄に行った時、まざまざと自分の課題を感じました」

萌子は、子供の頃から何回も沖縄に行っていた。「小学生の頃から、沖縄の歴史に対して、自分たちがどういうことをしてきたのか、ということを感じました。ちっちゃい頃に考えたこととか感じたことは間違いなく今の自分を作っていると思う。人の痛みを目にしたときに、その痛みを想像して寄り添える人間でありたいといつも思ってます。去年アウシュビッツに行きました。福島も、沖縄も、アウシュヴィッツもそうだと思う」。その歴史の中で、私たちに託してくれたものがある、と萌子は言う。「戦争体験もそうですが、戦前も戦中も戦後もそして今も、民主主義のためにずっと戦ってきた人たちがいた。その人たちが託してくれたものがあって、私たちは受け取ったものがあって。その記憶というものを受け継いだと思っている」

萌子は言う。「こんな不況と原発事故とヘイト・スピーチの時代に生まれたけど、生きていかなきゃいけなくて、前の世代から引き継いだものが『この時代』だからこそ、次の世代にはもっといいものを残していきたいと思う。それを、次の世代につないでいきたいと思います。渡していかなければならないし、次世代を良い社会にしたいと思う」。その最大のものが日本国憲法だったんだね。七〇年前に、この時代が来るのを見越したように憲法が作られた。政治学者の斉藤純一は、ＳＥＡＬＤｓの学習会でハーバーマスを引用してこう言っている。「憲法には、過去における不正義との闘いが、一箇条一箇条に刻みこまれている」

　ＳＥＡＬＤｓは個の集まりであり、自分の生活のために運動している。それぞれの個人に固有の葛藤や苦悩がある。奥田君なども相当こじれているよね？「こじれてますね」。こじれてるものは、簡単に伝わらないから、それをこじれないでものを言うためにはどうするのか、ということに苦労しているように見える。でも共有してしまうと、みんなのものになってしまって、自分のものでなくなってしまうのでは？「自分が自分であるためにこういうことをしているんだけど、気をつけないと個であることを失ってしまう可能性はあると思う」。他の人もそうだよね。どうしているんだろう。「うん、そういう痛みだったり経験だったりのもとにスピーチするでしょう？それが評価されるんじゃないかと思う。みんな、個人はそれぞれ葛藤を抱えていて、それがスピーチの場で見ている人に伝わったから、私たちがどうこうじゃなくて、すごいたくさんの人が集まってくれたんじゃないかなと思う」。個が共振したということだ。奥田君が言ってたけど、それが「黙っていた言葉の力」だろう。

　女性が社会的な発言をすることは、どういうことなのだろう。萌子は、「ＳＥＡＬＤｓの中にいて、女性だからどうのこうのと感じたことは一回もありません。男の子も、自民党が求めるようなゴリゴリマッチョな人がいないです」と言う。でも奥田君とか目立ってるよね？「あれは、男だからじゃなくて、奥田だから」。なるほど。「でも外から、女性だからといって叩かれることは、二〇一五年夏はひどいものがありました。女の人が発言するとこんなにバッシングがあるんだということを知った。内部では一度も感じたことがないけれど、対外的にはまざまざと感じました。

女性メンバーはみんなそうだと思うけど、『ものを言う女はこんなに嫌われるんだ』ということを感じました」。女性だから、容姿とか、本質ではないところをついてくる。「可愛いとか美人だとか、踊りに行く格好だとか、そういうことで揶揄されるのは、やっぱりセクシズム社会なんだなと思いました」

それに、家父長制を支持している女みたいに言われたことがあったよね？　「あれは私たちもびっくりしました。ぽかーんていう感じ。私たちが一番叩かれてるんだけどな、と思いました。セクシストからは女性差別、一方でフェミニストからは家父長主義と言われて。あぁ、そういう風に見えたのかとびっくりしましたけど、なんかもう言葉って難しいなと思いました」。女性だからと叩かれているときに、フェミニストから非難された。「上野千鶴子とか、好きでみんなよく読んでたりするんですけどね」

その中で得た希望もある。「福島の父の実家の人たちはみんな保守的だったけど、祖父母がテレビに映っている萌子を見て、安保法制反対の署名をして、お友達を回って周りの人からも署名を集めて送ってくれた。私はそれがうれしかったし、二〇一五年の夏は反対されていたけど、周りも変わるんだなと思った。ありがたいと思いました、おじいちゃんもおばあちゃんも」。絡み取られている網の中でもものが言えるようになる。そして実際はっきりそう言ってみたら、そんなに厚い壁ではなかった？　「うん」。母親の留美が言葉を添える。「近い人に伝えられないのに、遠い人に伝えられるんだろうかと思う。誰もわかってくれないって思っていたのは、独りよがりだったかもしれない」

萌子も声をあげられなかった。「高校生の頃はデモに行きたいとか、政治の話なんか全くできなかった。そんなことを考えていると、思われるの嫌だった。友達をなくすんじゃないかと思った。自分の『高校』という社会が崩れるのが嫌だった」。萌子は、今では、ＳＥＡＬＤｓ以外の友人とも、社会や政治の話をするという。「意外と自分が勇気を出してその一歩を踏み出すと、嫌がられることはなかった。政治のことを話せない空気は確かにある、そう思っていたけど、自分がその殻に閉じこもっていたことも、そういう空気をつくる一部だったんだなと思った。自分が一歩踏み出してみると『あー、全然そんなことないじゃん』と思った。それを二〇一五年から一六年にかけて、まざまざと感じました。壁を作らせてしまう力が働くんですね。壁を作ると、好むと好まざるとにかかわらず」

「それを超えるのはすごく勇気のいることだと思うし、だからずっと変わらなかったんだと思います」。しかし、「勇気を出せば変えていけるし、変わるのだということが実感できた。これから自分が生きていく上でも自信になったっていうか、ちゃんと人も社会も変わるから大丈夫だなと思った。社会は変えられる、そしてその実感は私やＳＥＡＬＤｓだけじゃなくて、去年の夏全国で立ち上がった人みんなに、生まれたんだと思う」

デザートのブラウニーを食べながら、「二〇年本当にあっという間だったね」と、母が言う。「本当にあっという間だったね」と娘が言う。「もったいないくらいあっという間だった」と留美。もう一回やりたいですか？「はは（笑）。もう一回やりたいというか。…楽しかったね、二〇年。ありがとうございました」

「いえいえ、こちらこそ」と萌子が答えた。

沖縄と東京と愛国

ＳＥＡＬＤｓの前身ＳＡＳＰＬは、解散した後、ｅｘ－ＳＡＳＰＬという形で沖縄県の辺野古基地反対闘争に参加していた。ＳＥＡＬＤｓにとっての沖縄とはどういう意味を持つのか？　沖縄出身のＳＥＡＬＤｓメンバー元山仁士郎に話を聞いた。元山は、外交シンクタンクの事務局スタッフで国際基督教大学（ＩＣＵ）の学生である。

ＩＣＵで、後のＳＥＡＬＤｓメンバーの一人である小林叶とＡＰＩ（Action for Political Issues）という団体を立ち上げて活動していた。後に、ＡＰＩは、奥田愛基や本間信和、牛田悦正が作った明治学院大学のＴＡＺなどのメンバーとともにＳＡＳＰＬを立ち上げる。東京に来た当初は、社会問題といえば海外の貧困のことを考えていた。日本には問題がないと思っていた。しかし、「日本の貧困問題については、その当時勉強して知ったよりも、今の方が深刻になっているように思う」。元山の実感では、この三年でますますその傾向が強まっている気がすると言う。その間に自民党への政権交代があった。

その後東京で三・一一を経験し、反原発運動が盛んになるのを見ていた。高円寺を走るバスの中から反原発デモを見て、「こういう風に声はあげてもいいんだな」と思った。「まだよくわからなかったので、参加しようと思わなかったけど、見ていました」。当時元山は受験勉強中だったし、ツイッターもFacebookもあまりやっていなかったので、反原発運動についての情報は多くなかった。

元山は、震災の時はラーメン屋にいた。揺れでラーメン屋のスープが鍋からこぼれていて、こんなことは初めてだなと思った。外を見たら、歩道に立ってる人がガードレールにつかまっていた。家に帰ろうと思ったら電車が止まっていて、バスを使って帰ったが、五時間ほどかかった。テレビをつけたら津波の映像が流れていて、「これはやばいな、と思いました」

ＩＣＵを受験するための塾に通っていたので、そこの授業の一環で原発とは何だったのか、震災とは何だったのかについて考える時間があった。ＩＣＵの試験は特殊なもので、本を読んでそれについて回答するような問題である。したがって、暗記では役に立たない。科学論もやった。なぜ、科学者が言っていることが何でも正しい、というような世界が出来上がってしまったのか、というようなことを考えた。塾では、元山が沖縄出身だということで、原発問題だけではなく沖縄の問題も取り扱ってくれた。「そこで原発時は、基地とよく似ていることがわかった」

二〇一三年の一月、最初のデモに参加した。原子力資料室の告知していたプルサーマル反対のデモだった。初めて行ったら若いというだけで横断幕を持たされた。初めてのデモで、何もシュプレヒコールはできなかった。「これはもう行きたくないなと思いました。集会も幟旗が多く

図49　元山仁士郎

て、どっかの代表みたいな人が挨拶するということでした」。楽しくないね？「全然楽しくなかったですね。なんか自分の居場所がない感じで。横断幕持たされずに、好きなとこにいて良いよと言われ主催関係の人が気さくに話しかけてくれるようなデモだったら、また行きたいと思ったでしょうね。あとは、二月のＳＡＳＰＬのデモまでデモには行きませんでした。その前に辺野古のゲート前は行きましたけど」

ＳＡＳＰＬが始まる時にも、元山はデモに対して懐疑的だった。そしたら、「どっきょさん」という人が、「デモがダサイんだったら自分でやればいいじゃん」と言ったという。「俺たちだったらかっこいいデモができると言った。それだったらいいかなと思った。文句ばっかり言っててもしょうがないし。もっともまさかこんな風になると思っていませんでした。やってみる価値はあると思った」

基本的にはやりたいと思うことをやるし、それが認められている家庭だったからという。ご両親は今の活動についてはどうですか？「父親はちょっと否定的です。わりと保守的な人なので。大学院に進学予定なので、進学がうまくいって自分で飯を食えるのであれば認めるという姿勢です。母は結構応援してくれています」。そういうケース多いよね？「そうですね、シールズのメンバーとか見ても、母親と一緒に来る子が多いです。父親と一緒にくる子は少ないですね。ギリシャ神話にも、『女の平和』っていう物語がありますよね」

ＳＡＳＰＬを解散した後、辺野古に行きましたよね、みんなで。あれは元山君が提唱したんですか。「あまり、辺野古に行こうとか基地にも反対しようとかは言わないです。押し付けっぽくなるのは嫌なんですよね」。前回は特定秘密保護法、今回は安保法制が焦点のシングルイシューなので、そこで沖縄のことどれぐらい言っていいのかなと考えるという。「なんというか自制していると ころがあります」。個人的にはそれこそが焦点になるべきだと思うけれども、「沖縄の問題は、人口の一％が直接被っている問題で、七割八割は日米安保に賛成なわけです。その中で沖縄の状況が理不尽だ、ということがどれぐらい広がるのか、仕方ないと思ってる人が多いのじゃないかと思う。それは沖縄でもそうです。「なかなか理解を得られないんじゃないかと思うんです。それをどれぐらい言うのかというのは、気をつけていますね」と言う。

しかし、「ただ、実はＳＥＡＬＤｓは、日本人以外にも在日コリアンや、ハーフなどの境界的マイノリティーのメンバーもいるんです。ＳＥＡＬＤｓが日本人だけ、東京中心の団体ではないということが、自分が居ることでも認識してもらえるんじゃないかと思っています。そういう点では、自分が活動してる意義があると感じています」と元山。地域政治と全国政治とは、関係が難しい。安保法制に反対する学者の会も沖縄にはない。第１章で述べたように、反原発運動も同様である。ＳＥＡＬＤｓが沖縄にあり東北にもあることには意味がある。沖縄と東京を結んでいる元山の働きは大きい。

それでも懸念は残る。「もちろん、辺野古に行っているメンバーが多い位だから、関心を持っています。でも、辺野古に行ってるメンバーは多いですが、行ってないメンバーの方が多いです。そこで沖縄の問題を言っても、理解されない可能性があると懸念しています」。私から見れば、安保法制と沖縄は一つの問題に見えるけれど。「そうなのですが、そこがつながってない人が多いと思うので、残念ながら」。辺野古に行ったメンバーが、学んだことは大きいと思う。なんか顔つきが変わっていった気がする。「あー、きっとそれはそうですね」と元山。

二〇一五年一月一五日に、沖縄県知事戦などが終わった後に大規模な工事用の搬入があった。そのネット中継の映像を元山はｅｘ－ＳＡＳＰＬのメンバーがいるＬＩＮＥに流した。その後、現在ＳＥＡＬＤｓ関西のメンバーである大野至が非常に遅い時間に電話をかけてきた。搬入作業自体が深夜一時過ぎだったが、その後だった。大野は言った。「辺野古に行こう」

元山は、大学の学期が終わっておらずどうしようかと思ったが、すでに勉強は手につかなくなっていた。しかし元山はまだ自制していた。「みんなに辺野古に行こうといっても、きっと来てはくれないだろう。それに辺野古に行かなくてもできることもある」。しかし元山、大野らは一月二三日から二泊三日で辺野古に行くことにした。他に行く人がいるかと聞いたら二〇人程の手が上がった。「それならば行こう」。いない間に搬入されることがないように、ＳＡＳＰＬメンバーが、一週間に二人は辺野古に入る体制にしたいと考えた。話し合って日程を決め、シフトを組んだ。元山はまずは現地の下見をした。「あまりにも危険な現場ならば、メンバーを行かせるわけにはいかない」

沖縄から、ＳＥＡＬＤｓが学んだことは多い。県知事選挙での勝利を導いた「オール沖縄」は、大きな教訓だった。力を合わせて当選させることが可能なんだということがわかった、という。また辺野古の闘争は、多様性が高い。沖縄平和運動センター議長山城博治は、ノンフィクションライター渡瀬夏彦のインタビューに答えて、概要こう言っている。

二〇一四年七月、辺野古闘争が始まった頃、県外からも人が訪れるようになった。彼らにマイクを向けてぜひご挨拶をといったらば、「長年沖縄に基地を押し付け続けてきた本土側のものとして、すごく心苦しいと、気持ちはあるけれども、なかなか現地に足を踏み込む勇気が持てなかった」という話を何人かされた。

私はそれを聞いていて、一つには真摯に向かい合ってくれて嬉しかった。（略）しかし「皆さんのように沖縄を理解し沖縄と共にありたいと思う人が、そういう思いでいたら、そして来られなくなったら、一体ここに誰が来るんですか？」と申し上げた。沖縄に来る何百万の観光客の一部がここにくるんですか。

この辺野古の海を潰さないという思い、そして今でさえ強大な米軍基地をこれ以上拡大しないという思いが共有できるならば、それは十分な資格で十分な当事者としてここに座ることができる。

元山は、「自分たちも生活ありきの社会運動なので、確かにそういうところでつながっていると思う」と答えた。

この多様性、当事者性を問わない闘争のあり方から、ｅｘ－ＳＡＳＰＬは深く学んだのではないだろうか。それによって、世代間闘争の側面があったＳＡＳＰＬが、二〇一五年の夏、全世代の社会運動を活性化するＳＥＡＬＤｓとして触媒の役割を果たして行ったのではあるまいか。無論、これ以外の要因もあるので、後に詳細に論じる。

宜野湾市で育った元山には気づかないうちに体の中に溜まっていったものがあったと言う。それが東日本大震災で吹き出した。その場にいるときは、問題がないかのように生きてしまうのだろうか?「そうですね。どこの世界もそういうことはあると思います。児童労働だったりとか少年兵だったりとか、貧困飢餓のこととか、女性器切除とかいろんな問題があります」。元山の祖父は戦争体験者で、体にはその被害の傷が刻まれている。しかし元山は、上京して三・一一に遭遇するまでそのことを考えなかった。その世界に最初からいる人たちは、それが当たり前だと思ってしまうのかもしれない。自分がいるところに問題があると気づくのは難しい。おもちの高校時代の友人の話を思い出した。

気づいたときにどうするかの方法がわからないと、気づくことが許されないのではないか?「この間、高橋源一郎さんと話をした。教育がすごく問題だと言っていた。答えが分かっていないと手があげられない。そういう教育がある。その中で、どうすればいいか分からなければ、問題だと認識しなくなることがあるのではないか。自分もその一人だなと思います」

私たちは、傷はないかのように生きている。それを余儀なくされている。しかし、序文で書いたように、傷は必ず声を上げる。それを社会に対して向ける回路が必要なのだと思う。それが三・一一以降の社会運動がしてきたことなのだ。「そうですね」と元山は言う。福島の人たちが原発について声をあげにくいという気持ちは理解できる。私も実際沖縄にいたらこれほど活動できたかどうか、自信がない、というのだ。「東京にいるからこそいろんな場所で発言できるし、これだけ考えられるのではないかと思う、沖縄にいたらしんどくてできない。となりにあるものを問題だと思うのはとてもきついことだ」

あえて少し距離をおくことで、自分のために思考できるメソッドとか道具立てが可能になる。何らかのメソッドなり方法をつかまないと声を上げることができない。例えば昔は、マルクス主義に準拠すれば社会に関して発言できた時代もあった。しかし今はメソッドを自分で作らなければならない。SEALDsは一つの回答を出した。中川えりなも言っていた。「こうすればよかったんだ」。元山は言う。「距離をとることで話ができるようになると同時に、現場にもよく行って現場の感覚を失わないようにしようとしています。『沖縄出身』という言葉の重みを失わないようにしています」。武道でいうところの間合いのようなものだろう。遠すぎても近すぎても良い間合いではない。体感的にこれを掴むプロセスが必要のようだ。

将来のことを話した。「望むことが絶対できるという確信があるわけではない。今よりはマシになればいいという感覚ですかね」。もうだめだから、外国に行ってしまおうとは思わないの?「そこは一種のパトリオティズムというか愛郷主義というか。沖縄が好きだし、日本も今よりも良くなればいいなと思っています」。新しい愛国心というか?「そうだと思いますよ」

高校時代野球部だった元山は、校歌が流れると高揚感があったという。「自分より大きなものへの帰属意識というのはあると思います。あるいは貢献してるということを誇りに思うということがあった。だから、三・一一があって日本に違和感を抱くまでは、むしろ右翼的と言っていいような感じだったのかもしれませんね」

国民国家というが、国民(ネーション)と国家(ステート)は同じものではない。野球をやっていた時に感じたものは、むしろネーションに関するものだったのではないか。三・一一の後その二つは分かれたのではないかと思う。ネーションに対する愛を持って、ステートに対して要求をするということが生じた。

最後に元山に、「国民なめんな」コールについて聞いた。これは在日コリアンなどのマイノリティに対する排除ではないかと批判された。その側面はあるだろう。これに対する解釈・提案は三通りある。一つは、在日コリアンの国民意識は統計的にも複雑で、自分を国民だと認識している人々もいることだ。SEALDs関西の在日コリアンのメンバーは、率先してこのコールを唱えていたという。誰が論じるかの問題もある。アイデンティティ・ポリティクスの問題は、少なくても日本人が先取り的に決定できることではない。二番目には、むしろ国民概念を拡張した方が良いのではないか、という議論である。憲法に厳密な国民概念の規定はなく国籍法によっている。日本では血統主義をとっているが、他の方法もある。三番目には、政府が間違った道に進もうという時に、参政権を持った国民が責任的にそれに関わらないでどうするのか、という議論である。

元山は、それ以外の二つの論拠をあげた。「一つには、安倍政権が、『国民のために平和安全法制が必要』と言って出してきているので、安倍首相の言う国民の立場で対応するという意味です。『国民はそれはいらないですよ』という意味です。同じ言葉を使って、対応する、ずらしていくということが大事だと思いました」。次元が違いすぎると対抗言論にならない。「もう一つは、『沖縄県民を国民として平等に扱え』という主張は正当で、誰もその権利を侵害できない、ということです」

安保法制と基地問題は表裏一体である。沖縄出身の元山と、辺野古の座り込みに参加して連帯したSEALDsが、沖縄の人々の権利として国民として扱うことを主張することは整合的である。また、それでは国民がダメならば日本人は自分をなんと呼ぶか、実は答えが出ていない。在日コリアンや境界的マイノリティー、沖縄県民が国民概念に敏感なのは、それについて考えざるをえない状況にあったということである。三・一一のあと、日本人は初めてその問いに晒された。それは未だに問われ続け、SEALDsも模索しているが、その答えが今出ていないことの責任は、少なくても選挙権を持ったばかりの大学生、若い世代にあるのではないと感じる。

SEALDsという組織

二〇一五年八月、最もSEALDsが忙しい時期に、SEALDsメンバー佐藤大に会った。

当時SEALDsは、たくさんの班に分かれて活動していた。佐藤は、サロン班と選書版を担当していた。サロンとは、抗議活動以外の学者や知識人を呼んで行う学習会のことである。そうは言っても、大学の教室や、地域の公民館などで行うわけではなく、学生や若者が来やすいよう、六本木や青山のクラブでよく行われていた。ここでいうクラブとは、若者が音楽を聴いたり踊ったりする方のクラブのことである。選書班とは、SEALDsが推薦する民主主義や憲法、外交に関する図書を書店で販売するように勧める運動である。多くの書店が「SEALDs選書」の名前で、コーナーを作って販売していた。北海道出身の佐藤を、安いしゃぶしゃぶに誘って話を聞いた。若者＝肉、というオヤジ思考である。「家が北海道だったので、東北が近くて、東北大学に入ったけど入学できないと言う友達もいて、震災の被害を直接感じました」

佐藤は、「若者が政治に無関心」と言われるけれども、今の世代はそこまでではないのじゃないか、と言う。「そうでなかったら、あんなに三・一一で急に変わらないと思う」。昔、若者がそう言われた時代とは、既に変わっているのかもしれないね。「政治に無関心というのはいつから言われてるんでしょうね。八〇年代からですかね。ずっと言われてる気がします」。八〇年代に青春だった人間は、佐藤の親世代よりも年上である。「生まれた時には、もうバブルははじけていたので、学校入ったらすぐに現実を見る感じだった。ゆとり世代ですけどね」

いつ頃から社会運動をはじめたの？「集団的自衛権の閣議決定ぐらいからですね。ちょうど去年の夏ぐらいから。でもそれはＳＡＳＰＬの企画じゃなくて、ＴＤＣのツイッターとか、見てわかった。ブルデモの前の六月のデモからです」

ブルデモとは、ＴＤＣが主催した、反安倍政権デモ「ファシズム潰せ、怒りのブルドーザーデモ」であった。実際に、ブルドーザーを先頭に据えていた。「なんか路上に面白い人がいるなと思って見ていた。反レイシズムとかやってて賛同していた。それからＳＡＳＰＬとか見て、『ああ、こんな人もいるのか』と思った。ＳＡＳＰＬへの参加はそれからだった」。その前は、過激派のデモを見て、デモなんて最低最悪だ、絶対やりたくないと思っていた。「それから反差別カウンターを知って、ＴＤＣを知って、それからＳＡＳＰＬですね。どちらかというと思い入れがあるのはＣＲＡＣです」。ＳＡＳＰＬ―ＳＥＡＬＤｓの参加者の中には、明治学院大学のＴＡＺ、ＩＣＵのＡＰＩ以外からの流れもあるようだ。

インタビューの最中に佐藤の電話が鳴り、あるジャーナリストから、ＳＥＡＬＤｓを批難した国会議員の辞任に関するコメントを求められた。佐藤は、「別のインタビューを受けているから」と、丁重に断っていた。ＳＥＡＬＤｓが最高に取材に追われている時期だった。次々と注文が来た。デモの設営の裏側を見たいとか、会議を取材したいとか言われて、気をつけないと住所氏名等の個人情報がどんどん出てしまう。ＳＥＡＬＤｓのメンバーは、大学名や個人氏名まで公開している者もいれば、全くメディアに登場しない者もいる。国会前のステージでスピーチしたり、テレビに出て意見を言っているメンバーだけがＳＥＡＬＤｓではない。

氏名公開はそれほど簡単なことじゃないよね。「そうです。僕も実家に帰った時は、どうして名前を出すんだと実家の親戚に言われました」。氏名公開は立派なことだと思う、と佐藤。何も後ろめたいことはしていない、という証明にもなるし、名前を出すことは、ＳＡＳＰＬやＳＥＡＬＤｓに対する信用を増加させたが、その代償はもちろん支払っている。「特に、女性が名前を出すとネトウヨなどからの攻撃がすごい。正々堂々と名前を出しているだけなのに、女性はネトウヨなどから攻撃されて、左翼からはお前らはルッキズムだといわれる。それは間違っていると思う」

安田浩一が言う現代の「ネット私刑（リンチ）」社会は、陰湿極まりない。ちょっと名前が出て、言論として安倍政権を批判しているだけで、ツイッターのアカウントが機能しなくなるほどのメンションが来る。特に女子メンバーに対しては攻撃が集中し、わいせつ画像や死体の写真を送りつけてくる。民主主義を提唱しているんだから議論しろ、という意見もあるだろうが、女性にわいせつ画像や卑猥な文章を送りつけてくるアカウントは、電車の痴漢と同じである。第２章で詳しく述べたように、それはもはや言論であると同時に行為である。電車の痴漢と何を議論するのか。

ルッキズムというのは、リスクを負って前に出て発言する女子メンバーに対して、美人であることや可愛いことを利用して宣伝しようとしている、あるいは容姿によって人を差別しているという批判である。政治的主張をしているのに、容姿ばかり取り上げられては付き合いきれない。「そういうことでいろいろ言ってくる人が右にも左にもいる。反原発や反差別運動をやってきた前の世代が、それを潰そうとしてきたっていうことの意味がわかりました」

ネット戦みたいなものが大変だ。そういうのは、昔の社会運動にはない。直接個人にものが言える時代になってしまった。「個人がメディアになるって、すごいですよね」。逆に発信力も高まるわけですね。SEALDsは動画をたくさん作っている。「こないだの『ACT UP』上映会をやって、メディアを使うってことが重要なのがよくわかりました。カウンターの人とかが「俺たちの運動は全部LGBTの『ACT UP』から始まってるんだ」と言っていましたけど、それがよくわかりました」。『UNITED IN ANGER—ACT UP の歴史—』は、一九八一年の最初の症例報告以降、原因も治療法も不明なままHIV/AIDSにより多くの人が亡くなった一九八〇年代のアメリカで、政府の無為無策に激しく抗議した活動団体「ACT UP」の歴史を、貴重な当時の記録映像をもとに描いたドキュメンタリー映画である。

カウンターの人とはよく話すの?「そう言っても、別の運動なので、たまたまこっちの現場で会ったり、反差別カウンターに行った時に話をしたりするくらいなんですけど」。結構、ネットでの論戦してるの?「僕はしないです。仕事が多すぎてネットに出てこられません。僕はあまりメディアに出ていないのでネットに突っ込まれることもないですが。ネトウヨでおかしいのは、あたかも自分がリベラリストであるかのような発言をしますね。我々の言論の自由をどうして奪うのか的な」。マイノリティーの言論奪ってるのにね。何人かのメンバーに聞いても、そもそもネットでの論戦が、なにかの役に立つと思っていない。

組織運営について聞いてみた。インタビュー時、ものすごい繁忙期だった。ＳＥＡＬＤｓは、この時、デモ実行のデモ班、プラカードなどを作るデザイン班、フライヤーなどの文面を考えるコンテンツ班など、一〇以上の班に別れて行動していた。抗議スケジュールは非常に多忙で、しかも、学業のかたわら行っている。組織が大きくなると、横の連絡をとるだけでも大変になる。中心人物は、ますます忙しくなって、全体と細かく連絡をとることが難しく、判断を求められても、即答できなくなる。このインタビューの直前に中心メンバーの奥田愛基に会ったが、早朝から、取材、番組出演、取材と続いて、私が行ったイベントが終わったのは午後九時を過ぎていた。「食事をしたのか」と聞いたら、「一日中何も食べていない」というので「じゃあ二郎でラーメンでも」と言ったら、「自宅にテレビの取材が来る」と言って、空きっ腹のまま帰っていった。

「一日中携帯が鳴り続けている、という話を聞きましたけど、耐えられないですよね」と佐藤。そこで、各班はそれぞれの判断で行動しなければいけなくなる。ちょっと推測をすればわかることだが、大学の単位を落とさないことがルールのＳＥＡＬＤｓが、あれだけの規模の活動をすれば、当然こういう組織的な問題がおきる。「このまま何年もやるのは無理です」。当然その状態で何年も続けることは不可能だ。逆に言えばこのような状況で、決定的な悪手がなく五月の結成から、九月の安保法制成立、野党共闘までを闘い抜いたことが驚くべきだと思う。逮捕者もなく、スキャンダルもない。

そして佐藤がいる選書プロジェクトは、「SEALDs選書」を選定し、民主主義の本を書店に並べるためのプロジェクトである。書店に並べるためには、本の選定や、書店との交渉など事務作業が膨大にある。インタビュー時はまだ作業中だったが、二〇一五年秋から冬にかけて、東京の大手書店の棚が、嫌韓嫌中本から、「SEALDs選書」に変わっていった。デモや国会前で抗議の声を上げるだけでなく、人々がお金を出して買う商品の中身自体を変えていくこと、メインストリームの文化を変えていくこと、これが「SEALDs選書」プロジェクトの狙いだった。

国会前でリズミカルにコールをしていたメンバーも、重要な役割を果たしているが、すべては役割分担の一環である。あらゆる社会運動において共通しているように、作業の八割は事務作業、裏方作業である。第1章でも触れたが、それを黙々とこなしていたメンバーなしに、国会前の車道開放も、その後の野党共闘もありえなかった。

一〇〇年後の民主主義のために

社会学者の長谷川公一は一九八〇年代の女性の反原発運動について、次のように分析している。日本では、「母」や「親」は女性を運動に動員するにあたって、伝統的に有効な戦略的シンボルであり、運動を支えるフレームワークであり続けた。「子供を守る」という枠組みによって、社会問題を告発することを正当化させ、抵抗感を少なくする。また理念的な市民概念が薄い日本で、それと代替するものである。「母親」は、イデオロギーや政治的利害を超えた活動として普遍化することができる。そして女性の主張が価値を剥奪される社会で、自己犠牲的な母親のイメージが、社会に対して運動を受入れやすいものにする（長谷川、一九九一、五一－五二）。「ものいう娘」がたたかれる話を、今紹介したばかりだ。つまり、日本において母親による社会運動が盛んであることは、日本において家父長制がいまだに根強いことを意味している。つまり、子供を育てる女の役割として社会運動に参加するのである。この長谷川の分析は、二〇一六年の日本においても有効である（Mullins & Nakano, 2015, pp. 238–239）。そして上記の理由は、両義的である。イデオロギーを問わないということは、全体主義によっても利用され得るということであり、子供のために献身する母親という像は、同時に「社会運動などやっていないで子供の世話をしろ」という批難を招く。しかし、このことの責任は母親にあるのではなく、家父長制と市民概念の未成熟にある。

しかし、だからこそ、母親が、どのように考え行動するのかということが極めて重要である。母親であることは即自的に、家父長制の支持者であることを意味しないし、子育てにおいて何も失敗しない理想の母親であることを意味しない。しばしば母親としてひとくくりにされる女性は、しかし一人一人自分の人生を思考し判断している。

SEALDsメンバーの母親たち三人に話を聞いた。一人は仮名希望である。他の二人は、山田和花の母幸子、溝井萌子の母留美である。

中山美歩（仮名）

美歩は、「絵本はその子の一生を変える位重要なものじゃないかと思っている」と言い、福音館の絵本をよく読ませていたという。「講談社やディズニーの絵本で育った子供と、福音館の絵本で育った子供とは、その後、明らかに違う人生を送るような気がします。それは福音館が高尚だとかインテリだという意味ではありません。曖昧にしか表現できないのですが、根底を流れるものに『志』のようなものを感じ、それはキリスト教に通じるスピリットなのか、その精神性がとても価値のあるものだと感じています。福音館の母親向け雑誌『母の友』の昨年一二月号には可決された安保法制を憂い『これからの平和のために私たちのできること』という特集がありました。いわゆるマスメディアから遠い絵本の世界こそ、最も自由でリベラルな空間のような気がします」

美歩は、SEALDsの価値観に影響を与えているものに、キリスト教があるのではないかと考えている。クリスチャンホームではないのだが、SEALDsメンバーの息子は、幼稚園の時からキリスト教に接し、キリスト教の文化を吸収していた。「キリスト教の音楽だったり、教会に行く習慣には好感を持っていた。教会を中心とするコミュニティにも馴染んでいた。息子は聖書の勉強も自分でしていた。かなり熱心にやっていたようだった」

ただ、アメリカのキリスト教原理主義とかネオコンサバティズムには疑問を抱いている。日本では洗礼を受けた信者は人口の一％に満たないが、学校の卒業生、関係者は数多く、それでキリスト教式の結婚式を挙げる人も多い。美歩の指摘するような、キリスト教由来の原理主義、家父長主義、ホモフォビアが日本のキリスト教の中にないわけではないが、もともと信者数が少なく、社会的権威にはなりえていないのであまり目立たない。アメリカのようにクリスチャンがマジョリティではなく、マイノリティーであることによって、一つのオルタナティブな方法として機能しているのではないか。

ＳＥＡＬＤｓのメンバーがすべてクリスチャンであるわけではないが、奥田愛基や、本間信和はじめ、キリスト教をバックグラウンドに持つメンバー、またミッションスクールの在籍者も多い。そこで広く行われている平和教育の影響も十分に考えうる。恵泉女学園大学の長棟はなみは、国会前のスピーチで、自分の活動へのキリスト教主義平和教育の影響に言及している。戦争の悲惨さと平和の尊さを学んだ経験を語り、「私が受けた教育は間違っていなかった。今ここで、声を上げる私を作りました」と述べている。

全共闘世代の姉は、息子がＳＡＳＰＬを始めた時、否定的だった。「ＳＡＳＰＬの最初のデモを動画で見せたら、『こんな英語で音楽なんかかけたって誰も来ないよ』と言っていた。今は、自分がついて歩いてます（笑）」。「じつは、全共闘世代の子供たちが一番ダメだと思う」と美歩。ロストジェネレーションと言われる雨宮処凛世代。三〇歳代後半になる。「全共闘世代が育てた子供たちは今回の反安保闘争に全く関わってこないと思う。コミットしてない人が多いかなぁと思って」。序でも述べたが、雨宮処凛は「我々は政治を禁止された世代だ」と言っていた。「全共闘世代の失敗ということもあるんだと思います」

美歩は、「サーファーファッションが流行りで、一方でコムデギャルソンもかっこいいと思っている世代だった」。女性雑誌ＪＪが全盛の時代。今までの、全共闘世代の失敗とか、さらにそれ以前の古い世代の市民運動には、まわりは皆馴染めなかった。美歩自身も馴染めなかった。「古い世代の運動の人たちって、ちょっと違った雰囲気じゃないですか。なんか、自分たちのスタイルじゃないんだって思って、馴染めないということがあったかも。バブル世代にとっては」。社会運動しなかった理由は他にもあるといった。

「当時のバブルの雰囲気がそれを許さなかったこと、ヒリヒリとした焦燥感や危機感が今ほどに差し迫って感じなかったと思います。例えば、緩やかな『反権力』を表現する手段として、既存の価値観を否定するような新しい文化の台頭があり、なんとなくそれに心酔することで、自分自身が満足していたように感じます。坂本龍一やテクノポップ、糸井重里や西武・パルコ文化、コムデギャルソンや山本耀司、ゴダールや蓮實重彦、浅田彰やニューアカデミズムなど…。豊かだった経済的背景や、日本が世界一の国になったような浮き立った空気と、それまでの全共闘運動スタイルとが最も相反していた時代だったのかもしれません」。第2章で香山リカが論じ、牛田が否定した空白である。つまり、実は母親の世代とＳＥＡＬＤｓの世代とでは、政治的な意見を言いにくい、という点ではさほど変わっていない。別項で佐藤大が言ったように、八〇年代から若者はずーっと政治に無関心だった。何が変わったのか？

「三・一一を受けた年齢が大きいのかなと思う」。同席していた溝井萌子の母留美が、ぽろっと言った。「そうそう」と美歩が相槌を打つ。「三・一一があり、反原発のデモがあったからこそ今が成り立っていると思う。素人の乱の松本さんがやったような、ちょっと違う形のデモの影響があった。私も行っていました。山本太郎もあれがなければ政治家になってないと思う」。留美が言葉をつなぐ。「でも、途中でデモに対する周りの雰囲気が変わりましたよね。二〇一二年は、楽しい雰囲気だったのに、二〇一三年になったら、デモ中に『朝鮮人は帰れ！』という罵声を浴びた」。美歩が応える。「社会の空気が大きく変わったと思う。ヘイト・スピーチの影響は大きかったと思う。大久保の近くに住んでいたのでヘイトデモを目の当たりにした。今までは『韓流』とか『K－ポップ』とか言ってたの。駅を降りられないくらいだった。一斉に、観光客がひいて韓国料理店がどんどん潰れてしまった」。原発事故が起き、政権が自民党に交代し、ヘイト・スピーチデモが興隆し、特定秘密保護法が可決され、そして安保法制。時代の針は、刻々と進んで、昨日と同じ明日はもう来なくなった。そしてそれを生活の中で感じ、止めようとする母親たち。

山田幸子

山田和花の母幸子は、高校を卒業すると、自分の生きたいように生きようと思って、アメリカに留学した。帰ってきてからはずっと外資系の会社で働いていた。バブル崩壊寸前の頃だった。「九〇年頃ですね、私バブル自体を知らないです。ずっとアメリカにいたので。でも両親は仕送りが楽だと言っていました」。円も高かったですしね。「その後は、外資系の会社でずっと秘書をしていました。和花を産んで育てる時に、仕事を辞めました。友達は信じられないと言っていましたが、私は母親でいることを選びました。和花が小学校高学年くらいになって、また社会に復帰した感じです」

幸子は、三・一一を迎えるまでは、国会議事堂を見下ろせる日本最初の高層ビルで社会の問題など考えないというより、ただ当たり前のように暮らしていた。多くの人がそうだった。社会運動では、しばしば社会の問題に関心を持たない人に伝えると口にするけれども、それは「昨日の私」のことだ。その後、三・一一を迎える。その時も外資系の大きなビルにいた。周りのビルが揺れていた。「すごくショックで、この風景を決して風化させてはならないと思いました。その頃和花は、テニスに夢中だった」。しかし、幸子は仕事に忙殺されていて、スピーディーの情報さえ十分に得られなかった。「あの時週末だったじゃないですか。月曜日、私出社していたんですよ。総務関係の仕事があってどうしても休めなくて、なんでこんな日に行かなきゃいけないんだろうと思いながら、外務省の前をとぼとぼ歩いていました」

深い後悔が残った。それからデモに行き始めたんですね？「仕事には私以外の代わりがいるけれど、この子の母親は私しかいないと思ったんです」

図50　山田幸子　和花

三・一一は親子の生活を変えた。幸子の方が少しだけ先に社会的な活動を始めた。幸子は、和花が大学で、環境について考える人間環境学を学ぶことになった時に、自分が何をできるかを考えた。その時に山本太郎の街宣に遭遇する。幸子は、その時の彼のスピーチで涙が止まらなかった。山本は、「ここ荻窪が、原水爆禁止運動のスタート地です。だから僕は、あえて石原伸晃さんにぶつかりに来ました」と言った。「壁は高い方が良い。ここで子供を守ろうとして始まった一つの署名があんなに世界を巻き込む署名運動に広がった」と言うのを聞いた瞬間に、「私もやらなきゃ」と思った。そこで、山本太郎の選挙のボランティアをしながら、いろんな社会問題を勉強していった。「今までの選挙と全然違いました。市民の力で国会に送り出したのだから、道をそれないようにずっと見守らなければいけないと思いました」

特定秘密保護法の問題が起きた時も、山本太郎と一緒に福島まで行って周知活動を行った。和花は「そんなことやってもムダだ」と強く反発していた。「眉間にしわが寄ってる状態で眉釣り上げて何が変わるの？」と、ずっと言っていた。でも和花が何かうずうずしてたみたいなのは、幸子にはわかった。「お母さんは行くから。特定秘密法の抗議に行くわ。和花は声を上げなくてもいいし、何もしなくてもいいから、何が起こってるのかだけ見に来たら」と言った。「じゃあ見学に行く」と言って見学に来てくれた。

大学が近かったので、和花は、そっと自分だけ行って、そっと見て帰る。感想を聞いたら、「やっぱり怖い」という感想が返ってきた。「こんなふうに、ここで怒っていたって、無関心な人が入りにくいよね」と和花は言った。特定秘密法が可決した翌日に、三宅洋平が「大デモ」を行った。あれはなんかちょっとピースフルで楽しそうだったから、「とりあえず見てみたら」と和花に言った。この時も、「じゃあ見る」と言って和花は見学だけした。母が歩いているのを歩道橋の上から見学しているのが見えた。大デモを見た後に、幸子は、「これだったらちょっといけるかも」と思った。その時に、Ｕ－２０のデモがあった。初めて自分で行こうという気になって、そこで、ＳＡＳＰＬにはいるきっかけができる。

あきらめずに伝えていきたいと幸子は言う。国会前車道開放があった八月三〇日は、意外な知り合いに再会した。子育ての期間、幸子は熱心にＰＴＡの役員を務めていた。「ずっとやっていた高校のＰＴＡの時の校長先生と再会した時、和花がＳＥＡＬＤｓで頑張っていると話した。『それはビックリしました。僕も実は八月三〇日に国会前に行っていたんです。何としても行かなきゃならんと思って』とおっしゃったんです」。すると、同席していたＰＴＡ会長だった人にも、「その日私も行っていた」と言われた。「普通の人が、こんなに来ていたんだ」と思った。

官邸前で奥田愛基がマスコミに質問されたことがある。「無関心な人に伝えるにはどう伝えたらいいと思いますか？」奥田は答えた。「そういう質問をしないことです」。こちらから無関心と決めつけてはいけない。「何も関心がないフリをして聞いているようでいても、何かを持ち帰っていてくれることがある」と幸子は言う。何か感じてくれることがある。「行くことを押し付けず、なぜ行かないのかと詰問せず、自分たちが行ってどうだったのかを話して、それを聞いてもらうだけで、次のムーブメントの時には参加してくれるかもしれない。そういうことがとても大事だと思う」

社会運動を始める前も後も、幸子と和花をつないでいるものがある。生命への畏敬である。「和花が二歳半の時に、和花の祖母が末期癌でなくなりました。孫と過ごす残りわずかな時間を祖母は本当に大事にしました。和花は、心電図が止まったその瞬間を全部覚えていると言っています。生命というものを実感したんだと思います。生きたくても生きられない生命がある。生命に価値があることを、実感したんだと思います」。和花は、「フォーラム・子どもたちの未来のために」でスピーチを担当したときには、『かわいそうなぞう』と『ごんぎつね』を二つ並べ、どちらにしようかと、悩んだ。どちらも本当に好きだったが、和花は、『かわいそうなぞう』を選んだ。それは、小学校一年生の誕生日に幸子がプレゼントした本だった。それまでは好きな絵本を読ませてきたけれども、初めてプレゼントとして選んで「これを読んで」と言って渡した。戦争によって象の生命が断たれる物語である。「その話を読んだ後、和花は動物園に行けなくなってしまいました」。柔らかい心に生命の重さが刻まれた。和花さんにとっても、お母さんと話ができるというのはとても楽ですね。「自分が思うように、自分を抑えず、自分らしく自分のやりたいことを、これからもずっとやっていってほしいかな」。生命によって、育まれる生命。

溝井留美

溝井萌子は動物好きだった。「小さいころ萌子は、動物のお医者さんになりたかったんです。私は、特にこうしてほしいという希望はなかったけど、自立した人になってほしいと思っていました。丸木さんの絵本、『ひろしまのピカ』や、『おきなわしまのこえ』といった絵本とかも、小さいころから読んであげました」

イラク反戦デモに行かれたんですよね？「自分で行こうと思って行ったのはイラク反戦デモが初めてです。やっぱり、母親になっていたのが大きいのかな」

留美は、社会的なことに興味を持って考えていたつもりだったが、行動に移したことはあまりない。行動したのは「母になったから、というのが大きいと思う」と言う。「子供ができて、強くなるというか、本質が見えてくるところがあると思う、特に女は」

イラク反戦デモは「家族四人で参加しました。萌子は小学校になっていたかどうか。下の子は

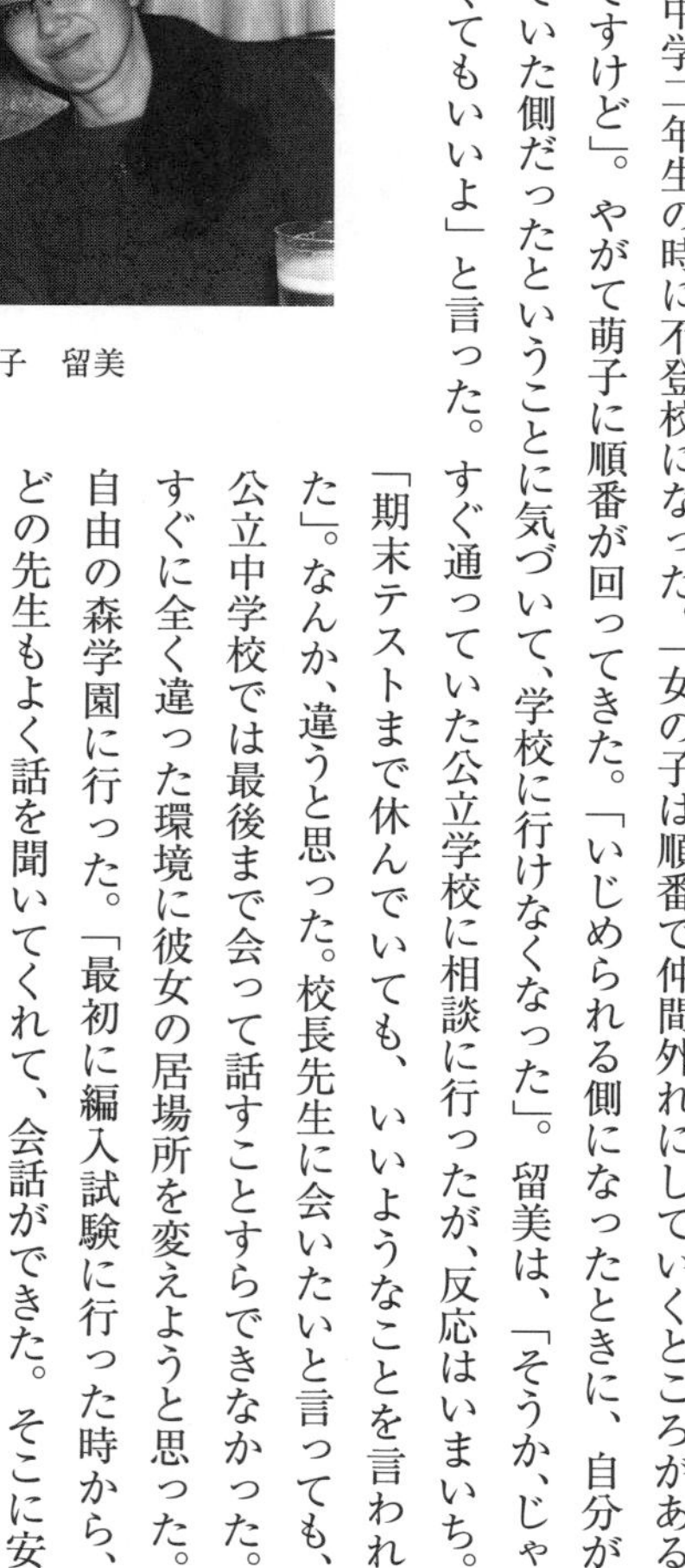

まだよちよち歩いて、ベビーカーも持っての参加でした。私は、学生時代本を読んで何か考えたことはあったけれど、社会運動はしませんでした。

萌子は、中学二年生の時に不登校になった。「女の子は順番で仲間外れにしていくところがあるらしいのですけど」。やがて萌子に順番が回ってきた。「いじめられる側になったときに、自分が今までしていた側だったということに気づいて、学校に行けなくなった」。留美は、「そうか、じゃあ行かなくてもいいよ」と言った。すぐ通っていた公立学校に相談に行ったが、反応はいまいち。「期末テストまで休んでいても、いいようなことを言われた」。なんか、違うと思った。校長先生に会いたいと言っても、公立中学校では最後まで会って話すことすらできなかった。すぐに全く違った環境に彼女の居場所を変えようと思った。自由の森学園に行った。「最初に編入試験に行った時から、どの先生もよく話を聞いてくれて、会話ができた。そこに安心しました」

図 51　溝井萌子　留美

「転校をして環境変えたのが早かったので、あまり彼女に傷が残らなかったんじゃないか、と思っている」。そう言いながらも、言葉に後悔がにじむ。「良かったのは学校じゃない場所があったことです。塾とかモダンバレエとか。そういうところで、萌子は萌子でいいんだよって言ってくれる大人がいました。家族が言っても、それだけだと、子どもは納得しなかったかもしれないけど。嘘ください」。萌子は、否定されない場所があることで、生きていけた。「娘が不登校になるまで、『がんばれ、がんばれ』と娘に言ってきました。でも、がんばらなくてもいいんだ、ということが分かったのは娘のおかげだと思います」

家族は、葛藤の中で新しい場を見出していった。その日常の中で、東日本大震災が起こる。「三・一一は自由の森学園の卒業式の前の日に起こりました。夫の実家が福島だったので、おじいちゃん、おばあちゃんをこちらに呼び寄せたいとすぐ思いました」。両親を呼び寄せて、子供たちと一緒に沖縄へ送る。「栃木から福島へ嫁いで感じたことなのですが、福島の人は自分たちのアイデンティティーに敏感です。東北というせいもあるかもしれませんが、そこには維新の時の経験などがあるように思います。会津は維新の時に、賊軍になってしまった。その意味は福島の人が背負うものの中で大きいのではないかと。会津は、明治になる時に敗者になってしまった。会津、というか福島の人たちはその思いを、いまだに抱えて暮らしているように感じることがあります」

その歴史の中で、東京電力が原発事故を起こした。それで「またか」という思いがある。「恩恵もあったかもしれませんが…」。それが恩恵だと思わせる、社会的構造があったわけですね。「そう思います」。たとえば太陽の恵みのように、本来恩恵は対価を求めない。原発事故のような対価を求めるものは、恩恵という名の支配である。

留美は、大学生時代バックパッカーで、ヨーロッパを旅した。その時に「お前はどう思う?」とか「あなたは何者だ?」と問われることが多かった。「自分の意見をちゃんと答えられなかったのはショックだった。私は、何も考えてきてない、考えてるふりをしていただけだったのだ」と気づかされた。母親になってから、私は子どもたちに沖縄へ行って辺野古や普天間基地を見せたり、丸木美術館に連れて行ったりした。「自分が大学に入ってからやっと気がついたことを、早くから知ってもらうことは良いことだと思ったから。でも、それは小さいうちから知るべきことでないという考えもあるでしょうし、何より、子供に課題を負わせることでもあるので、それが良かったかどうかは判断できないのですが」。しかし、その歴史の悲劇は、留美が作ったものではなく、むしろ真実を覆い隠す手が作ったものだ。

萌子はＳＥＡＬＤｓで活躍を始め、社会の注目を浴びた。「ＳＥＡＬＤｓのスピーチを聞いて思うのは、誰もが、自分の世代で変えると思っていないことです。それは私たちの世代にはなかったことなんだと思う。私たちの世代は個人的な幸せだけを考えることに、慣らされてきている」。留美は思う。「自分たちは思っていても前に進めなかったのに、ＳＥＡＬＤｓは、仲間でみんなでやっていく。リスクが伴うことは、わかっているのに。すごいと思います」ジャーナリストの北丸雄二が次のようなツイートをしている。「この子たちはぼくらのやりのこした過去であり、やりとげようとする未来である。（二〇一五年八月三一日）」

しかし、「でも、二〇一五年一番うれしかったことは、彼女がいろいろやっていたことではなくて、弟のことなんです」と留美が言う。あの夏、萌子の弟を除く家族は、毎週金曜日、国会前抗議で家を開けた。部活から帰った息子が家に帰っても、夕食の用意はあるものの誰もいないという状況が毎週続いた。「八月に入ってからの金曜日、デモから最初に帰ってきた夫に、息子が一度だけ、キレて怒鳴った。『高校生の息子を一人残して、家族四人のうち三人がデモに行っている家なんかないだろう』と。その後、息子は『以上』と一言告げた。その一〇分後に私が帰ってきたときは、何食わぬ顔をしていた息子。笑いながら夫が後から話してくれた。それ以降、夏が終わるまで、息子は一切文句らしきことは言いませんでした」。萌子の弟が中学生の時、反原発デモが盛り上がっていた。デモに行く私に「あんなことをしても何にもならない、一人の力ではどうしようもない」と言っていた。「でも、彼なりにいろいろ考えたんですね。家族にも理解を示すようになりました。家族ってこうやって大人になっていくんだなと思いました」

「そんなことをしていないで子供の世話をしろ」という、母親が社会運動をする上での一つの呪縛が解かれた。「母親」から「市民」へ、「子供」から「市民」への一歩だった。民主主義とは、「母」が「市民」になることだ。

留美は、萌子がＳＥＡＬＤｓを始めてから、引っ張られるように「自分も社会的な活動に積極的に参加するようになった。そして、日々の暮らしの中で、様々な関係の人と様々な問題を話し合う時間が増えてきたと感じている。「それが希望、というか、昨夏以降の進歩だと思う。それを作ってくれたのは『安倍さん』。否定するだけだと、関係がつくれない。断ち切ったら終わっちゃうじゃないですか。そうじゃなくて、話をしようとか、拒否されると思うけど一緒にやろうとか言い続けていきたいと思います。私はＳＥＡＬＤｓのような大きな影響力は持っていないけど、ＳＥＡＬＤｓに期待するんじゃなくて」。安倍晋三を他者化しない。エイリアンにしない。同じ地べたで生きていく。だから抗議する。

「これまでバラバラに活動してた人たちが、二〇一五年には沢山集まった。ひとりずつだったけど、集まったら大きな力になった。またバラバラになるんだけど、それぞれの場所でそれぞれのことをやる、できることをやっていく。個々がそれをしていったら、ひょっとしたら二百年後の日本は違ってるかもしれないんだと思う。たんぽぽの綿毛を飛ばそうと思います」
種は蒔かれた。百年後の民主主義のために。

5 SEALDsをめぐる賞賛と批判――ツイッターテキスト分析

ここでは、SEALDsをめぐるウェブ環境を分析する。比較のために、「首都圏反原発連合」または「反原連」という単語を含むツイートを分析した。官邸前抗議が拡大し、車道解放が起こった二〇一二年六月から九月にかけてのツイートを収集しマップ化した。

画面右下に、「批判」や「排除」というような言葉が見え、運動をめぐる論争があったことが窺われる。また左下に「拡散」などの単語がある。ツイッターを利用しての拡散に意識的で、「始まったばかりのクラウド化」と解釈することができるであろう。

一方、SEALDsの方は、その行動を賞賛する言葉も沢山あるが、「共産党」「民青」「過激」「正体」などの〈正体暴露デマ〉的な単語と、レイシズム発言を表す単語が並んでいる。右上には「保守速報」「サヨク」など〈ネトウヨ〉カテゴリーとでもいうべき単語群が並んでいる。正面上部の「ブス」など性差別的表現は、あるブログが繰り返し参照されたためである。「セフレ」「プリキュア」

などわけがわからない単語は、botによる攻撃である。下品な単語などに#SEALDsというハッシュタグをつけて大量に機械的に送信するもので、一種のハクティビズムである。

反原連の場合は、ここで、SEALDsの図と比べてみると、そこにあるようなレイシズム・セクシズム・エログロナンセンスをうかがわせるような単語は目立たない。つまり、反原連の図では、路線を巡るような議論は見えるけれども、それはまだ議論や討論と呼べるような次元のものであった。しかしSEALDsの時代になると、botによる攻撃に象徴されるような、全く対応が不可能であるようなレイシズム・セクシズムが投げつけられるようになった。第2章の高史明のデータを見れば、この時代のツイッターにはレイシズムは既に横溢していた。これは団体の違いによるというよりは、二〇一二年は民主党政権だったことが理由である可能性が高いと思う。

前に述べたようにSEALDsメンバーのエスニシティーは、それほど単純ではない。しかし、ここでは明らかに、レイシズムの用語を使うことで、他者を攻撃するということが一般化しているということである。

第2章で述べたように、「何かそうでないもの」を否定し、その照り返しとして自分を「正当な何者かとして打ち立てる」ために、在日という呼称は使われてている。相手が何人であっても、相手を「正当な主体でないもの」として位置づけるために在日という言葉が使われることになる。そう使用されることは、在日という呼称の記号的恣意性という仮説を裏付ける。

この比較から立てうる推論は、二つある。一つは、ネットが「議論が成立するような環境」から「議論が不可能な環境」へと変化したのではないか、ということである。典型的なのは、前述のと

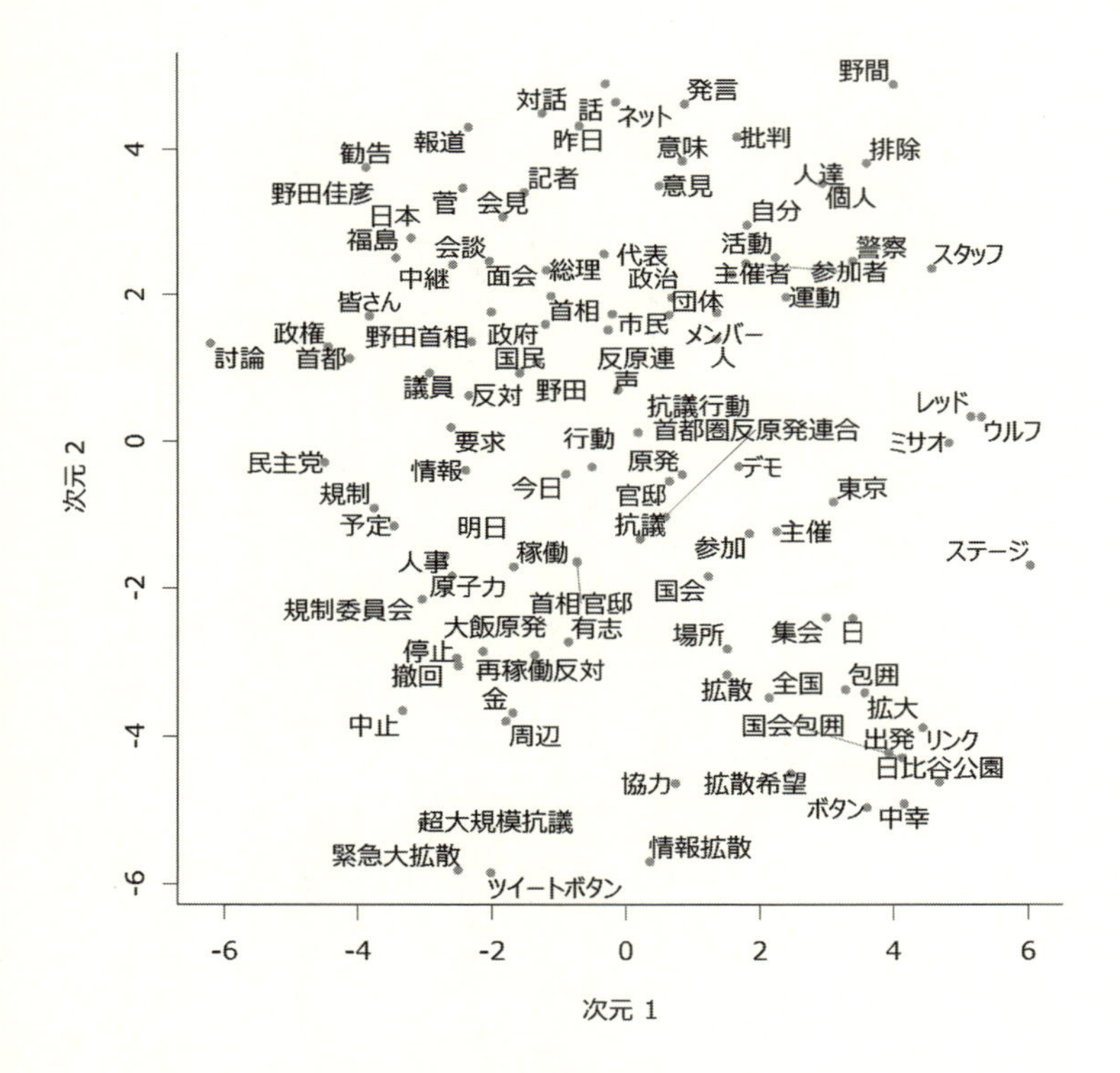

図 52　反原連という語を含むツイッター分析（2012.6.20 ～ 9.12）

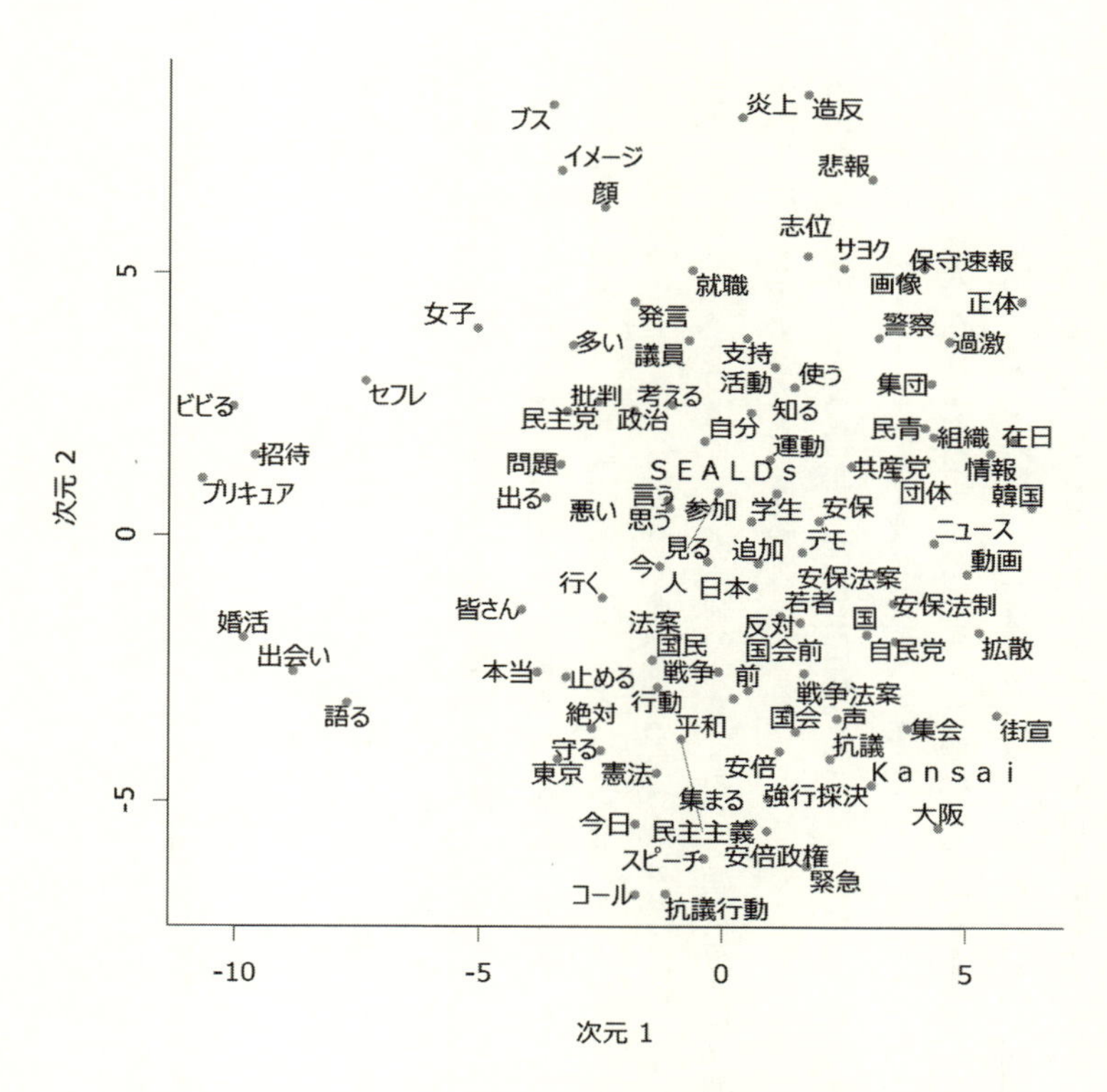

図53　ＳＥＡＬＤｓという語を含むツイッター分析　(2012. 7.12 〜 - 31)

おり「プリキュア」「出会い」などに見られるｂｏｔによる攻撃である。ソフトウェアが連続発信する嫌がらせのためだけのツイートとは議論のしようがない。そうなるといわばサイバーテロリズムへの対応となり、内面的規律型行動基準から環境管理型行動基準へ、対話的対応からエンジニアリング的対応へと変えざるを得なくなる。ＳＥＡＬＤｓアカウントが、ブロック機能やブロック・リストを導入しているのはその一例であろう。さらにＳＥＡＬＤｓは、このような卑劣な攻撃を受け続けている多くの人々の一部にすぎない。在日外国人や差別に反対する日本人が攻撃を受け、心を砕いて抵抗し、エンジニアリング的対応を迫られている。そのような排外主義的なネトウヨと呼ばれる人々は、同時に安倍政権の支持者であり、同様な手法でＳＥＡＬＤｓを攻撃しているのである。二〇〇〇年代のはじめに情報公共圏という概念が提唱され、インターネットによって民主主義が推進されるような議論空間が生まれるのではないか、という期待がされたが、そうはならなかった。韓国のオーマイニュースが体制寄りのマスメディアに反発する形で情報公共圏を形成したと言われるが、日本の場合、戦後体制の一部であった朝日新聞に反発する形で、ネトウヨ情報公共圏が形成されていったといえる。

もう一つの推論は、排外主義の物語の変容と伝播である。これについて考えるために、ＳＥＡＬＤｓデータに高史明コードを改変して当てはめて比較した。高コードでは「コリアン」に分類されている韓国人、朝鮮人、在日などの一般名詞が、ここでは現代的レイシズムを表現しているので、そのカテゴリーに入れ、サヨクや共産党を「反日カテゴリー」に入れた（図54）。

このグラフの示しているものは、ＳＥＡＬＤｓデータは古典的レイシズム、中国などの項目が減

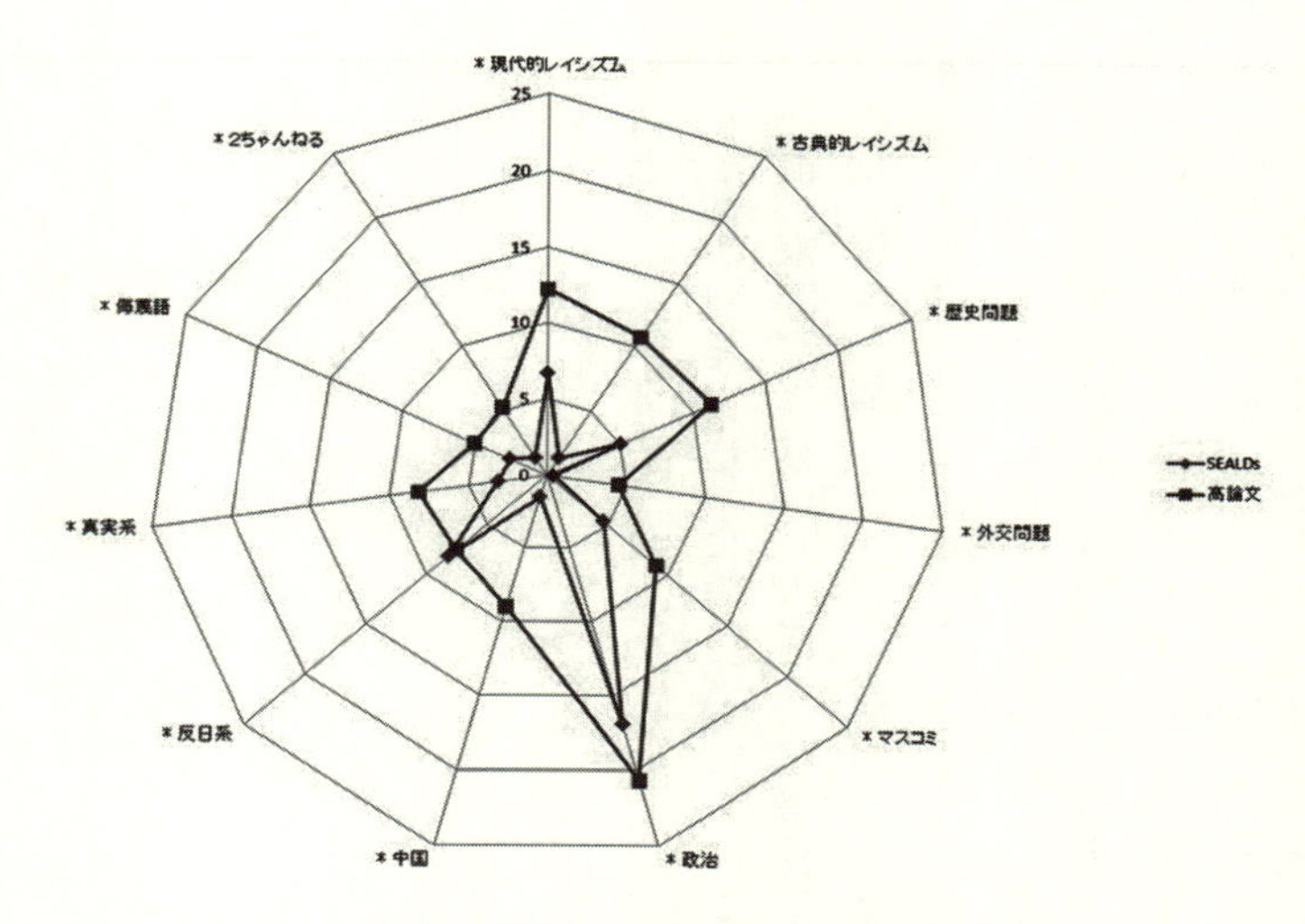

図 54　高史明データとＳＥＡＬＤｓデータの比較

少しているが、現代的レイシズムの特徴を強く持ちながら、高データがさらに薄まったものだということである。これまでは、反原発、反差別の「運動の物語」について論じた。ここで我々が見ることができるのは、排外主義の「運動の物語」である。第2章で示したように、ネット上で一旦形成された、排外主義の「運動の物語」（HanBoard）は、一般的なツイッターで、薄められた形で拡散し（高データ）、ここでは日本人を対象とする攻撃の語彙と文法として再利用されているわけである。これまでの議論で示したように、一旦獲得された運動の語彙と文法に基づいて、次の運動を展開していくのである。

6 六頭の龍の背に乗って

二〇一五年年八月三〇日、国会前車道大開放の日、私はこの本の中で名前をあげたほとんどすべての人に出会った。歩道が人に溢れ、竹内美保がいるドラム隊と一緒に車道に出てみると、そこにはすでに高橋直樹がスーツを着て、おいでおいでをしていた。五野井郁夫がリーガルスタッフの腕章をつけて、懸命に群集をさばいていた。官邸前抗議で会った人々、反差別カウンターで共に路上にいた人々。都庁前アクションで、「朝鮮人を迫害する社会は、日本人を迫害するようになる」と私がスピーチしていたのを覚えていた金正則は、「本当にその通りになりましたね」と言った。李信恵は、ボランティアの給水袋に混じって、暑い夏の抗議に参加する人々に水を配っていた。小さな子供がいた。車椅子に乗って参加している人もいた。京都から東北から長い旅をして人々は国会前に来ていた。幼い、年老いた、障害を持つ身体が再びそこに集まった。

そして空には、第2章で取り上げたアーティスト張由紀夫も参加して作った巨大な段幕が、モノクロームの六色の虹の風船によって空へと舞い上がっていた。このバナーの直接のインスピレーションは、一九九一年にアメリカ、ニューヨークのACT UPという市民団体が地下鉄のグランド・セントラル駅構内に掲げたものに由来する。それはピンク色の風船の束に縦長の巨大バナーをぶら下げたもので、“MONEY FOR AIDS NOT FOR WAR”の文字が記されていた。そこには、戦争、民族差別、障害者差別、ホモフォビア、セクシズムに抗う人々が集まっていた。後の日々、これ

図 55　国会前抗議 安倍やめろバルーン　撮影：矢部真太　2015.8.30

を雲と呼ぶ人もいた。私の目には、滝に見えた。民意という六頭の龍が、絡まりあって光の束となり、国会に向かってなだれ落ちるように見えた。

おもちの希望

　おもちとのインタビューも終わりが近づいた。おもちとは八月の国会前抗議でも何度か会ったが、受験生のおもちはＳＥＡＬＤｓには入れなかった。ＳＥＡＬＤｓに入るの？と聞いた。「あたし、誰の言うことも聞かないから（笑）」とおもちが答えた。そりゃあそうだ。この四年間で起きたことを、私とおもちはたくさん話した。その変化はとても大きかった。どんどんと新しいことが起きていた。デザートのアイスティラミスを食べながら、おもちは、希望を持っていると言った。「結構厳しいところたくさんあるけど、この四年間の発展の仕方は、結構すご

図56　おもち　19歳　国会前

いなと思う。こんなに、どんどんどんどん変わっていくんだって思う。楽しみですね、すごく楽しみです」。一九歳になったおもちの耳には、大きなイヤリングが光っていた。

まとめ

この本では、四つのことを取り上げた。一つは路上の身体の回復、路上で声を上げることの訓練についてである。二つ目はインターネットと社会運動の関係、三番目は、再帰性を失わない恒常性の回復としての社会運動、四番目は、国民と国家との緊張関係である。

路上の身体

第1章では反原発運動について書いた。人々は、東日本大震災と原発事故に、大きな衝撃を受け抗議の声を上げようと決意していった。戸田裕大が言ったように、震災直後の原発についてものが言えない状況で、ものを言っても良いのだという雰囲気を作ること自体が大きな課題であった。平野太一は、かじかむ指を伸ばすようにツイートを投げ、つぶやきの中からTNNを立ち上げた。しかし、人々の心の中には、七〇年代の暴力的な政治闘争の影がまださしていたし、幟旗の立ち並ぶような旧来の社会運動の形式には、なじめないでいた。

社会運動を組織するものは、どのようにプレゼンテーションするのか、ということに注力しなければならなかった。竹内美保が言うようにTNNとSAYONARA ATOMのコラボレーションは社会に対してデモを開いていった。本文中では言及する紙幅がなかったが、ミサオ・レッドウルフが主催するNO NUKES MORE HEARTSは、デザインにも注意をはらい、音楽コンサートとデモを組み合わせていた。

人々の行動が個人化し、またデモの主題が原発や平和などイデオロギーや直接の利害でないものになっていた。オーガナイザーはできるだけなじみやすい方法を開発する必要があった。このことは、反原発運動に始まり、反安保闘争をリードしたＳＥＡＬＤｓに至るまで、三・一一以後の社会運動に通貫する問題意識だった。数多く参加したアーティストの美意識がそれを支えていた。ドラムが路上で鳴り響き、人々を孤立させなかった。

一度獲得した身体の動きは、次の動作を容易なものにしていた。一旦反原発運動で獲得された路上の感覚で、人々は反差別運動へと参入していった。そしてそこには同時に、抗議を維持し続ける努力があった。抗議のスタイル、集団の性格、目指す方向性は違っても、抗議の場が維持し続けられることによって、次の行動の呼び水になった。おもちが言うように、「声をあげていいのだ」という認識を共有していった。その点で反原発運動は、三・一一以降の社会運動の一つのプロトタイプを作った。

反差別運動では、レイシストを止めたいという一心から、路上に座り込むシットインが発生した。市民は、新しい身体技法を獲得し、その武器を増やした。反安保法制闘争での横浜公聴会シットインは、繰り返され獲得された路上の身体と反射神経の賜物だった。そして現場において法は常にギリギリの交渉の中にあった。都庁前で警官隊に囲まれながら、市民は、法が常に同じように適用されるわけではないということを知った。

若者にとっては、路上の感覚を獲得し声を上げることはさらに難しいことだった。私以外私でないという、「個であることが共通性」である若者たちが、どのようにして共同で声を上げることができるようになるのか。山田和花は、ＳＡＳＰＬのデモに参加するまで群を失った子羊のようにさまよっていた。あれもこれも全くダメだった。中川えりなは、初めてＳＥＡＬＤｓの抗議に参加して、「こうすればよかったんだ」と言っている。路上に立てるためのメソッドが必要なのである。第三章で高野悦子のテキストマイニングが示したように、大文字の政治を語る言葉が機能していた、あるいは支配していた時代とはすっかり変わってしまったのである。本を読んで本に倣って声をあげることはできない。元山仁士郎は、沖縄と東京の距離感を体得することに苦闘している。ずっと沖縄にいては客観視できないし、ずっと東京にいては現場感を失ってしまう。身体感覚的な間合いである。中村美和が「現場に来てから批判して欲しい」というのはそのことだ。現場感、身体的間合いを共有しないと、議論の前提が成立しないことがあるのだ。溝井留美は、バラバラの個人が集まってきて、そしてまたバラバラの個人に戻ると言っていた。集まっていたときの感覚を個になっても失わないし、個であるときの感覚を集団になっても失わない。それが二〇一五年の夏、溝井留美が獲得した身体の間合いなのだ。

インターネットと社会運動の関係

第一章で麻生せりなの例で示したように、人々はインターネットを通じて社会運動について語り、語彙と文法を学び、それを獲得することによって自らの信念を強いものにしていく。インターネットを媒介として、社会運動の物語が共有されていくことを第1章で示した。彼らは、同じ政党でも組織でもなく、同じ本を読んで社会運動に参入したわけでもないのに、基本的な物語の構造を共有している。一旦そこで共有された運動の語彙と文法は、次の運動に移る時にも応用されていく。

第2章の反差別運動に関しては、金明秀が指摘しているように、SNSを通じて運動の『物語』が共有されるという特性によって、マイノリティにとってのアイデンティティ・ポリティクスの重要性がしだいに理解されるようになっていった。人々はネットを通じて、マイノリティーの体験に関する物語を共有していった。一方で、インターネットは排外主義の運動の物語を生み出していった。いちど構築された排外主義の物語は、濃度を変えながら伝播していった。その過程で、民主的な情報公共圏になる可能性も持っていたインターネットは、規律訓練型の管理が不可能な場所へと変化していった。これは、インターネット空間のアーキテクチャー、技術的、社会的構造と密接に関係することでもある。西暦二〇〇〇年初頭に、インターネットを使って民主的な議論が展開される情報公共圏が成立するのではないか、という議論が盛んだった。しかしその時は電子ネットワークの一般的利用が始まったばかりで、アーキテクチャの違いということまで考えられていなかった。そこで事例として扱われていたのは、主にパソコン通信であった。パソコン通信というのは、特定の会社に氏名はもちろんクレジットカードまで登録して会員になり、お互いにハンドルという仮名で話はしているが、実際その個人情報を突き止めることはさして難しいことではなかった。そしてそこにはシステムオペレーターと呼ばれる管理者がいて、議題の設定、議論の交通整理を行っていた。つまり、電子ネットワークであるという特徴以外の大きな特徴があったのである。情報公共圏が可能であると考えられたのは、電子ネットワークだからではなくて、司会者のいる秩序のある空間だったからである。金明秀の運営していた掲示板は、これほどではなかったが、管理人がいて、議論をコントロールすることが可能であった。だからこそ、グラフで示したように、時間が経つにつれてヘイトスピーチが減っていくということも可能だったのである。

それがやがて、匿名掲示板のようなコミニケーション空間が生まれる。そこでは、司会者がおらず、そもそも何を議論するのか、話すのかという議題設定を誰が行うのかが決まっていない。したがって、この状況で起こる最も大きな論争は、議題を何にするのかということである。一見初歩的に見えるかもしれないが、このことは、深刻な事態を生んでいる。典型的な例が、「あなたはこれをしていない申し立て」である。これは例えば、第2章で紹介したように、反原発運動をやっている団体に対して、被曝を強調しないのか、と批判するようなことである。これが起こるのは、議題を誰が決めるのか、議題設定権が誰にあるのかということが決まっていないからである。そうすると、議論は永遠に続くことになる（北田、二〇一〇）。

そうは言ってもここまでは、コミニケーションはある場に属していた。掲示板などの設定された場にアクセスすることによって、成立していた。しかし、ブログやツイッター等のツールによるコミニケーションでは、コミニケーションは場に属さなくなる。それは、アリーナというたとえでは語ることができない。例えて言うならばクラウドである。バラバラのコンピューターが自律的に働き、しかし相互にネットワークされている状態である。したがって、パソコン通信の場で形成されたような討議倫理を、ツイッターに持ち込むことには意味がない。中川えりながツイッターで議論できるとは全く思っていないという話をしたが、そもそも、物心ついた時からクラウド的なインターネットしか知らない世代にとって、インターネットが討議のアリーナだと言っても無意味である。

ならばこのようにアーキテクチャが変化したインターネットでは、公共性は存在しないかというとそうではない。麻生せりなは、物語論的に、中川えりなは存在証明の公として、インターネットを使って公共性と接している。アメリカのデジタル政治学者パパチャリッシはインターネット時代の政治活動のキーワードとして、特にツイッターについて"personal as political(個人的で政治的)"という標語を掲げている。無論、これは"personal is political(個人的なことは政治的なこと)"という第二派フェミニズムの著名なスローガンをもじったものである。インターネットの出現によって、個人的な経験の表出の場と公的な政治的な活動の場が融合していったことを意味している。"personal is political"は一つの逆説である。従来、個人的なことと政治的・社会的なことは別の領域のことと考えられていた。しかし、女性たちは対面の空間で自分の苦悩を語り合う中で、それが「政治的な問題」であることを発見していった。一方、インターネット、特に個人をコミュニケーションの基本とするツイッターにおいては、個人の物語は常に社会に開かれていて、個人的なことは即自的に政治的なことにつながる。"personal as political"は中川えりなの自撮り動画のように、説明抜きに出現し、そこに表出された再帰的な自己のありようを表現している。それは、社会運動において重要視される「集団的アイデンティティ」とは違った「公的な自己の経験」(Mcdonald, 2002)

であり、ＳＥＡＬＤｓ世代の個人主義的な運動を象徴している。

再帰性を失わない恒常性の回復としての社会運動

三・一一以降の社会運動、そしてＳＥＡＬＤｓの示しているものは、再帰性を放棄せずに新しい恒常性を再建しようとする試みである。樫村愛子は、現代社会を、「再帰性」と「恒常性」という二つの概念をキーワードにして論じている（樫村、二〇〇七）。

再帰性とはイギリスの社会学者ギデンズの言葉で、自分自身を意識的に対象化し、メタレベルから反省的視点に立って自己を再構築していく能力のことである。再帰性は、伝統や因習から人々を開放し社会の流動化を可能にし、近代的に高度な社会を作ることに役立った。社会が高度になり、変化・刷新され、個人も同様に変化し続けていくモデルが、再帰性である。しかし、市場主義的な発想のみで進められる再帰化とは、実際には貧しい再帰化であり、そこから取り残された人々の抵抗運動を生んでいる（樫村、二〇〇七、一二頁）。

同時に、再帰性は、もう一つの原理によって支えられている。再帰性の進行した社会でも存在の基礎となるもの、ギデンズが「存在論的安心」と読んだものを樫村は恒常性と読んでいる。人間の創造性は、市場合理主義をはみ出すような、他者や世界への憧れという人間固有の欲望に基づいているし、また、死すべき存在である自分を、他者の支えによりながら見つめ、記述し、共有していく、無意識的なものに照準した文化に基づいている（樫村、二〇〇七、一三頁）。具体的には、我々が文化、伝統、宗教、社会的秩序などと呼んでいるものである。いかに再帰的、合理的に自己と社会をとらえたとしても、人間の生を意味付け、他者の人権を尊重することが何故必要なのかを説明することはできないのである。

恒常性が問題になるのは、原発事故によって存在論的安心が失われたからに他ならない。おもちが、原発事故の映像と避難を見て、「私たちはこんなに恐ろしいものと一緒に生きてきたんだ」と実感した恐怖の感覚である。反原発、反差別、反安保法制闘争で一貫して主張されてきたスローガンがある。「子供を守れ」である。第1章で掲載した図を思い出していただきたい。そこには、再帰性の暴走としての原発事故と、恒常性の象徴としての「子供」、ナショナリズムを示唆する「日本」が描かれている。原発、差別、戦争によって、存在論的に脅かされた私たちは、まず子供を守ろうとする。我々の世界の意味を支える根本である。

つまりそれは合理性だけでは説明できない、近年の宗教学用語を使えば、スピリチュアルな行為ともいえる。スピリチュアリテイとは既存の伝統宗教の枠には収まらないが、合理性を超える霊的なものを求める志向である。反原発運動のオーガナイザー、ミサオ・レッドウルフが、神秘主義者であると同時に、セルフ・モニタリングが繊細な合理主義者で戦略家であることは再帰性を失わない恒常性の例として象徴的である。また三・一一以降の社会運動にあふれるアートと音楽は、恒常性の象徴である。ドラムは人を孤立させない。

逆に反差別運動で明らかになったのは「在日特権妄想」の価値相対主義・社会構築主義を悪用した差別論であった。「社会的にあるものは言語を介したやり取りによって成り立っている」というのが社会構築主義の基本命題である（キッセ・スペクター、一九九〇）。しかし、これは、「社会的にあるもの」は虚構や恣意的なもの、どうあってもいいものだという意味ではない。しかし、これを「悪用」「転用」することにより、ある社会問題、例えば「在日外国人の権利剝奪状態」や「植民地支配の歴史と日本による加害」が恣意的なフィクションであり、むしろ、「日本人」がこうした被害を受けているという議論をねじ曲げた。

また倫理相対主義や価値相対主義は、自文化の価値を絶対視する価値独善主義を乗り越える努力として生まれたものだが（エス、二〇〇七、一四七頁）、やがてファシズムや虐殺を合理化するものとなってしまう。「在日特権妄想」は、価値相対主義を悪用して、我々の持ち出す「被害」もまた留意されるべき別の被害として描写した。それは再帰的な思考ではあるけれども、生の意味付けの基礎となる恒常性を失った、再帰性の暴走の所産である。そのように恒常性を失い相対主義的冷笑に満ちた精神性であるからこそ、樫村が言うように、逆説的に性急な恒常性の回復願望としての「安倍原理主義」を〈無根拠に〉根拠にしてしまう。香山リカの言った、パラノイア状態である。「在日特権妄想」を唱えるものは社会学者でも倫理学者でもないが、香山の言った「中身のないジャングルジムのような枠」やポストモダン思想を、むしり取って自分たちの「地べたの思想戦」の武器とした。反差別運動としての「地べたの思想戦」はそれに抗う再帰性を失わない恒常性回復運動であった。

ＳＥＡＬＤｓをめぐるライフヒストリーでは、恒常性への志向が多く見出された。キリスト教や、シュタイナー教育、あるいは、不登校を経験し、オルタナティヴな環境を自分で作っていかざるをえなくなっていくこと、郷土の沖縄に対する愛着、絵本に代表される情操教育への関心、再帰性を失わない母性を追求する母親たちなどであった。

国民と国家との緊張関係

山田和花は、原発事故の時に、この国の政治がずたぼろになったと言って泣いていた。原発事故が、ペシミスティックなナショナリズムをもたらした。このままではこの国はダメなのではないか、日本と外国を比べると、日本は悪い状態ではないのか、という感情を人々に持たせた。長い間、国民と国家は切り離せないものとして考えられていた。国家から離れようと思えば、自らを国民とは認識しなかった。しかし、三・一一以後、国民が国家に対して要求をするという緊張が、生じたのである。

反原連の目標は、一貫して国民として国家に原発廃炉を要求するというもので、国家の制約を逃れようとするアナキズム的な反体制運動ではなかった。

反差別運動においても、再分配を受けている国民として、法的規制を国家にもとめる運動が起きた。それが国民の責任である。

反原発運動から芽生えた、国民として国家に要求していくという姿勢は、ＳＥＡＬＤｓにおいて鮮明に言語化されていた。中川えりなは、明確に国家に対する責任的な主体として自らを捉えていた。溝井萌子は、国民として自らの加害性を捉えていた。第２章で国民の責任とナショナリズムについて論じたように、自らの加害性を内省することは、国家の責任を個人のものとすることではなく、国家に正義を求めることであった。「国民なめるな」というシュプレヒコールは、様々な批判を浴びたけれども、国民対国家という緊張関係を的確に表現したのであった。むしろ、日本人マジョリティーがこれまで鈍感にやり過ごしてきた問題を浮き彫りにした。

全体として通観すると、民主党政権下である程度の成功を収めていた反原発運動は、安倍政権になって苦闘をしいられた。二〇一二年から一三年の政権交代において、反原発運動は長期戦を強いられる形で停滞し、代わって、反差別カウンターと反安倍政権闘争が台頭してきた。中山美歩が述べているように、安倍政権に代わってからデモをするときの沿道の雰囲気が一変し、二〇一二年には潜在していて、かつ実は連続していた極右主義に直面した。そして同時に安倍政権の成立によって、それぞれが戦っているものが同じ相手だということが明瞭化するという共通性を持った。

反原発、反差別、そしてSEALDsの三つの運動について書いたことに一つ追加すれば、それぞれの運動がそれぞれのコミュニケーションのモードを開発し、地べたの思想戦を戦う知を実装していったことである。八〇年代知的アイドルだった香山リカが、街頭に立ち、名指しされ、ヘイト・スピーチのどぶに腰までつかって平等を訴えるのはそのためだ。リベラル派知識人が放り出した荒唐無稽な「在日特権妄想」の愚論に、カウンターが徹底的に時間をかけて反論していくのは、それが相手に伝わるコミュニケーションのモードだからである。

SEALDsも同様で、厚い壁を目にしていた。SEALDsは「共通の言語を探している」と言う。何よりもまず言葉が通じない。憲法論や防衛論以上に、彼らの思想的課題はここにある。動画を作り、大学で近隣で人々と話をしていった。最近毎日新聞が行った世論調査（毎日新聞二〇一六年五月二四日）では、「ＳＥＡＬＤｓのような若者の活動に共感するか」という問いに、二〇代前半の回答者三八三人のうち、「共感せず参加しない」四三％、「共感するが参加しない」三七％、「共感し、参加してみたい」は四％だった。ＳＥＡＬＤｓの功績はこの問いを存在させたことで、そのジレンマは、ＳＥＡＬＤｓを基準に問いが立てられてしまったことだろう。ＳＥＡＬＤｓではなく、安保法制が問題なのだと彼らは考えるに違いない。ＳＥＡＬＤｓ設立後の一年、彼らは全世代共闘の触媒になったが、萌子が言うように、同世代にじっくりと対話の輪を広げる時間を持てなかった。これはＳＥＡＬＤｓの限界というべきことではないが、ある枷があったといえるだろう。

本書冒頭に、「なぜ、デモなんかするのか？」という問いを立てた。井手実と奥田愛基が国会でこの問いに答えた。デモをするのはそうせざるをえない状態に押しやられているからだ。極論すると、反原連も、反差別のいろんな団体も、ＳＥＡＬＤｓも、実はそれが問題ではない。彼ら自身が、一番そう思っている。問題なのは、原発と差別と戦争だ。この世界にはスーパーヒーローはいなくて、いるのはあなたと私だけだ。

【参考文献】

秋庭裕・川端亮『霊能のリアリティへ：社会学、真如苑に入る』新曜社、二〇〇四年。

浅野 智彦『自己への物語論的接近―家族療法から社会学へ』勁草書房、二〇〇一年。

アリストテレース・ホラーティウス（松本仁助・岡道男 訳）『アリストテレース詩学／ホラーティウス詩論』（岩波文庫）岩波書店、一九九七年。

アレント、ハンナ『人間の条件』（志水速雄 訳）、筑摩書房、一九九四年。

ECD『Three wise monkeys [Audio CD]』P-VINE RECORDS / Final Junky. 二〇一五年。

磯直樹「ブルデューにおける界概念：理論と調査の媒介として」『ソシオロジ』53（1）、三七‐五三頁、二〇〇、二〇〇八年。

伊藤守『情動の権力 = The Affective Power：メディアと共振する身体』せりか書房、二〇一三年。

エス、チャールズ「倫理多元主義とグローバル情報倫理」西垣通・竹之内禎『情報倫理の思想』NTT出版、二〇〇七年。

江原由美子「ジェンダー研究のこれまでとこれから」『立教大学ジェンダーフォーラム年報：Gender-Forum』10、七‐四〇頁、二〇〇八年。

樫村愛子『ネオリベラリズムの精神分析――なぜ伝統や文化が求められるのか』、光文社、二〇〇七年。

加藤寛他『現代思想2016年4月臨時増刊号 総特集◎imago〈こころ〉は復興したのか 3・11以後、それぞれの現場から』、青土社、二〇一六年。

郭基煥「在日コリアンに対するヘイトスピーチとイデオロギーへの呼びかけ：ジュディス・バトラーによる

『主体化』論を手引きに」、『現代社会学理論研究』（8）、三九－五四頁、二〇一四年。

梶茂樹「会長就任講演 アフリカ人のコミュニケーション：音・人・ビジュアル」、『言語研究』（142）、一－二八頁、二〇一二年。

梶原健佑「ヘイト・スピーチと『表現』の境界」、『九大法学』94、四九－一一五頁、二〇〇七年。

香山リカ『リベラルですが、何か？』、イースト・プレス、二〇一六年。

川坂和義「ゲイ・スタディーズにおける『当事者』の言説の特徴とその問題点」『論叢クィア』（3）八六－一〇九、二〇一〇年。

神原元『ヘイト・スピーチに抗する人びと』、新日本出版社、二〇一四年。

菊池裕生・大谷栄一「社会学の現在（2）方法としての物語論 社会学におけるナラティヴ・アプローチの可能性―構築される『私』と『私たち』の分析のために」『年報社会科学基礎論研究』（2）一六七－一八三、二〇〇三年。

北田暁「ディスクルス（倫理）の構造転換」東浩紀・濱野 智史（編）『情報社会の倫理と設計 倫理篇』河出書房新社、二〇一〇年。

キッセ、J・I.、スペクター、M・B.（村上直之訳）「社会問題の構築―ラベリング理論をこえて」マルジュ社、一九九〇年。

金明秀「ヘイトスピーチ問題の構成過程」、『支援』6、二〇一六年。

五野井郁夫『「デモ」とは何か：変貌する直接民主主義』、日本放送出版協会、二〇一二年。

佐藤嘉幸「立憲デモクラシーの危機と例外状態：デリダ、アガンベン、ベンヤミン、シュミットと『亡霊の回帰』（10年後のジャック・デリダ）」『思想』（1088）、八八－一〇四頁、二〇一四年。

高橋源一郎・ＳＥＡＬＤｓ『民主主義ってなんだ?』河出書房新社、二〇一五年。

高史明「日本語 Twitter ユーザーのコリアンについての言説の計量的分析」、人文研究(183)、一三一－一五三頁、二〇一四年。

田村貴紀・田村大有「苦難を語る場としてのインターネット」『情報倫理学へのアプローチ』学文社、二〇一五年。

富永京子「社会運動における離脱の意味：脱退、燃え尽き、中断をもたらす運動参加者の人間関係認識」ソシオロゴス(37)、一七〇－一八七、二〇一三年。

中西正司・上野千鶴子『当事者主権』岩波新書、二〇〇三年。

中原一歩「現代の肖像 奥田愛基 ＳＥＡＬＤｓ創設メンバー 一般社団法人「ReDEMOS」代表理事 路上に咲いた孤独のテーゼ」『アエラ』29(1)、六六－七〇、二〇一六年。

信田さよ子「なかったかのように」『現代思想２０１６年4月臨時増刊号 総特集◎imago〈こころ〉は復興したのか３・１１以後、それぞれの現場から』、四八－五八頁、青土社、二〇一六年。

野間易通『金曜官邸前抗議——デモの声が政治を変える』、河出書房新社、二〇一二年。

野間易通『「在日特権」の虚構：ネット空間が生み出したヘイト・スピーチ』、河出書房新社、二〇一三年。

野間易通「３・１１後の叛乱 反原連・しばき隊・シールズ 第2回 雲の人たち」集英社新書、http://shinsho.shueisha.co.jp/column/after311/02/index.html (2015. 12.15)

野間易通・張由紀夫「表現の自由と闘う」発表「現実ゼミ」ゲスト講義#３「社会と表現 ２０１５」、多摩美術大学、二〇一五年一一月。

長谷川公一「反原子力運動における女性の位置―ポスト・チェルノブイリの『新しい社会運動』」『レヴァイアサン』8、四一―五八頁、一九九一年。

平野智之「関係性としての当事者性」試論：対話的学習モデルの検討から、『人間社会学研究集録』7、九九―一一九頁、二〇一二年。

ピエール・ブルデュー、J・D．ヴァカン・ロイック（水島和則訳）『リフレクシヴ・ソシオロジーへの招待―ブルデュー、社会学を語る』藤原書店、二〇〇七年。

フランク、アーサー『傷ついた物語の語り手：身体・病い・倫理』（鈴木智之訳）、ゆみる出版、二〇〇二年。

ブルーナー、ジェローム・S『可能世界の心理』（田中一彦訳）、みすず書房、一九九八年。

松岡瑛理「ヘイトスピーチに対抗する境界的マイノリティ：カウンター活動に加わる『在日』帰化者／ダブルへの聞き取り調査から」、『ソシオロジ』60（3）、五九―七六頁、二〇一六年。

松沢呉一「『戦争したくなくてふるえる』に震える――デモは雲のようなもの」、『松沢呉一のビバノン・ライフ』、http://www.targma.jp/vivanonlife/2015/06/post6406/（2015. 6. 25）

町村敬志・佐藤圭一『脱原発をめざす市民活動 3・11社会運動の社会学』、新曜社、二〇一六年。

ミサオ・レッドウルフ『直接行動の力「首相官邸前抗議」（わが子からはじまるクレヨンハウス・ブックレット）』、クレヨンハウス、二〇一三年。

毛利嘉孝『ストリートの思想――転換期としての1990年代』、日本放送出版協会、二〇〇九年。

安田浩一『ネットと愛国 在特会の「闇」を追いかけて』、講談社、二〇一二年。

李信恵『＃鶴橋安寧：アンチ・ヘイト・クロニクル』、影書房、二〇一五年。

リクール、ポール（久米博訳）『物語と時間性の循環：歴史と物語』新曜社、一九八七年。

リクール、ポール（久米博訳）『時間と物語 1』新曜社、一九八七年。

Davis, J. E. (2002). Stories of Change: Narrative and Social Movements. Albany, N.Y.: State University of New York Press.

Manabe, N. (2016). *The Revolution Will Not Be Televised*: Protest Music After Fukushima. New York: Oxford Univ Pr.

Mcdonald, K. (2002). From Solidarity to Fluidarity: Social movements beyond “collective identity”–the case of globalization conflicts. *Social Movement Studies*, 1(2), 109–128.

Mullins, M. R., & Nakano, K. (2015). *Disasters and Social Crisis in Contemporary Japan: Political, Religious*, and Sociocultural Responses (1st ed. 2015). Palgrave Macmillan.

Polletta, F. (1998). Contending Stories: Narrative in Social Movements. *Qualitative Sociology*, 21(4), 419–446.

Polletta, F. (2006). *It was like a fever storytelling in protest and politics*. University of Chicago Press.

Tamura, T. (2016). Talking About Ourselves on the Japanese Digital Network. In G. Goggin & M. McLelland (Eds.), *The Routledge Companion to Global Internet Histories*. Routledge.

あとがき

この四年間の変化は非常に激しいものだった。私たちの価値観が鋭く問われ、心が震え、平野太一が心に刻んだように、「今までのままではいけないなと思いました。自分は、今までのままではいけないな」と、多くの人が感じたのだった。

様々な試みがなされ、私たちの意識も変わっていった。これから先はまだ長く、希望を語ってくれた若者たちの前にも、また荒れた道が現れるかもしれない。その時に、書籍として言葉が残っていれば、あの時の希望をまた思い出せるかもしれないと思った。

文中、六頭の龍という比喩を使ったが、少しずつ書き進めながら時間を割いて語ってもらった豊かな物語が集まるうちに、その背に乗ってここまで流れ着いたような思いがある。心から御礼申しげたい。

この書籍は、次の研究プロジェクトの成果の一部である。Australian Research Council Discovery Project DP10928278 (2010–2013), *Internet History in Australia and the Asia-Pacific*.

［著者］田村貴紀（たむら・たかのり）国際基督教大学卒業、筑波大学大学院博士課程人文社会科学研究科修了、博士（文学）。現在、法政大学非常勤講師。著書『情報倫理の挑戦：「生きる意味」へのアプローチ』（分担執筆）（学文社）、The Internet and Personal Narratives in the Post-Disaster Anti-Nuclear Movement. The Asia-Pacific Journal, 13(6-4). ほか

田村大有（たむら・だいゆう）大正大学人間学部卒業、立教大学社会学研究科博士課程前期課程。著書『情報倫理の挑戦：「生きる意味」へのアプローチ』（分担執筆）（学文社）、Erica Baffelli et.al. (eds), Japanese Religions on the Internet: Innovation, Representation, and Authority (pp. 173-195). Routledge.（分担執筆）ほか

路上の身体・ネットの情動
―― 3.11 後の新しい社会運動：反原発、反差別、そして SEALDs

2016 年 6 月 30 日　第 1 刷発行

著　者　田村貴紀 田村大有
発行者　辻　一三
発行所　株式会社青灯社
東京都新宿区新宿 1 － 4 －13
郵便番号 160－0022
電話 03－5368－6923（編集）
　　 03－5368－6550（販売）
URL http://www.seitosha-p.co.jp
振替　00120－8－260856
印刷・製本　株式会社シナノ

ISBN978－4－86228－089－3 C0036

小社ロゴは、田中恭吉「ろうそく」（和歌山県立近代美術館所蔵）をもとに、菊地信義氏が作成

●青灯社の本●